电动汽车
结构·原理与维修

DIANDONG QICHE
JIEGOU YUANLI YU WEIXIU

杨智勇　杨泽宇　主编

U0314020

化学工业出版社

·北京·

图书在版编目（CIP）数据

电动汽车结构·原理与维修/杨智勇，杨泽宇主编.—北京：化学工业出版社，2022.8

ISBN 978-7-122-41397-0

Ⅰ.①电⋯ Ⅱ.①杨⋯②杨⋯ Ⅲ.①电动汽车-结构②电动汽车-车辆修理 Ⅳ.①U469.72

中国版本图书馆 CIP 数据核字（2022）第 078920 号

责任编辑：毛振威　周　红
文字编辑：张　宇
责任校对：田睿涵
装帧设计：王晓宇

出版发行：化学工业出版社
　　　　　（北京市东城区青年湖南街 13 号　邮政编码 100011）
印　　装：三河市延风印装有限公司
710mm×1000mm　1/16　印张 15½　字数 288 千字
2023 年 1 月北京第 1 版第 1 次印刷

购书咨询：010-64518888
售后服务：010-64518899
网　　址：http://www.cip.com.cn
凡购买本书，如有缺损质量问题，本社销售中心负责调换。

定　　价：89.80 元

前言

　　新能源汽车是国家的战略性新兴产业。 在国家政策和地方政府配套政策的大力支持下，我国新能源汽车实现了产业化和规模化的飞跃式发展。 近年来，在政府的支持下，我国电动汽车无论是销量、增速，还是全球市场份额，均为世界第一。 目前，潜力巨大的新能源汽车市场已经形成。

　　随着我国新能源汽车保有量的逐年增加，新能源汽车行业前、后市场对技能人才的需求量也不断增加。 为满足汽车维修行业对于新能源汽车的构造原理与维修方面专业知识的迫切需求，在参考大量新能源汽车厂家技术资料及其他资料的基础上，编写了本书。

　　本书以目前市场上的主流电动汽车如北汽新能源、吉利新能源和比亚迪新能源汽车为主要参考车型，结合其他品牌的电动汽车车型，以电动汽车基本结构、使用与维护方法为出发点，详细讲解了电动汽车的概念与基本组成、电动汽车安全与操作、动力蓄电池与管理系统、驱动电机及其控制系统、充电系统、电动汽车的维护与故障诊断、典型电动汽车的维修共 7 个方面的内容。

　　本书通俗、易懂、简明、实用，可供从事电动汽车使用与维修方面工作的广大技术人员、驾驶人员以及大中专院校相关专业的师生阅读和参考，还可供学习电动汽车知识的人员自学参考。

　　本书由杨智勇、杨泽宇主编，王青林、郭明华、朱尚功任副主编。 参加编写的还有韩海玲、季成久、贾宏波等。

　　在编写过程中，我们参考并引用了国内外一些汽车厂家的技术资料、有关出版物，还参考了许多发表在网站上的相关文章，在此对原作者、编译者表示衷心的感谢。

　　由于水平所限，不足之处在所难免，敬请读者批评指正。

编者

目录

第三章
动力蓄电池与管理系统
077

第四章
驱动电机及其控制系统
107

第一章

认识电动汽车

第一节　新能源汽车简介

一、新能源汽车的类型与特点

2017 年 7 月 1 日，工业和信息化部公布并实施《新能源汽车生产企业及产品准入管理规定》，指出：新能源汽车是指采用新型动力系统，完全或者主要依靠新型能源驱动的汽车，包括插电式混合动力（含增程式）汽车、纯电动汽车和燃料电池汽车等。

电动汽车是指全部或部分采用电能驱动电机作为动力系统的汽车。电动汽车包括纯电动汽车、混合动力汽车和燃料电池汽车。

（1）纯电动汽车

纯电动汽车（battery electric vehicle，简称 BEV 或 EV）是指驱动能量完全由电能提供的、由电机驱动的汽车。电机的驱动电能来源于车载可充电储能系统或其他能量储存装置。典型的纯电动汽车如图 1-1 所示。

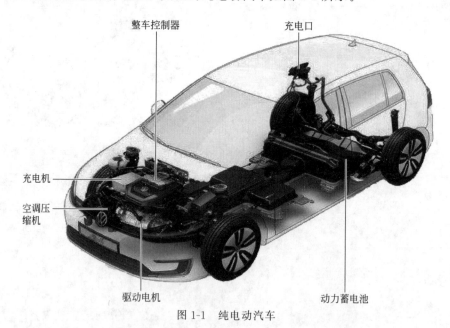

图 1-1　纯电动汽车

优点：可以实现行驶过程完全零排放，技术相对简单成熟，只要有电力供应的地方就能够充电。

缺点：动力蓄电池单位质量储存的能量太少，购买价格较贵。

（2）混合动力汽车

混合动力汽车（hybrid electric vehicle，简称 HEV）是指主要驱动系统由至少两个能同时运转的单个驱动系统［内燃机（发动机）和电动机］组合而成的汽车（图 1-2）。混合动力汽车驱动系统可分为微（轻）混合、中混合和全混合动力驱动系统。

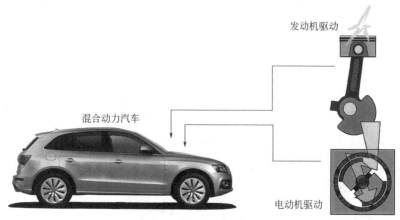

图 1-2　混合动力汽车基本组成

① 丰田 THS（双擎汽车）混合动力系统是集燃油发动机与电动机的一个组合，主要由发动机、驱动电机、动力蓄电池、动力控制单元（power control

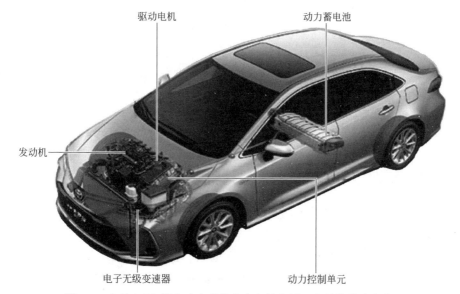

图 1-3　丰田 THS 混合动力系统在车上的布置（卡罗拉混动汽车）

unit, PCU) 等组成。丰田 THS 混合动力系统在车上的布置如图 1-3 所示。

驱动模式有 3 种: EV 电动模式、ECO 节能模式及 POWER 全速运转模式。

双擎工作状态: 起步和低速时,电动机单独工作;车速超过 55km/h 时,发动机自动启动来介入工作,输出更强动力,同时,发动机的部分能量可通过发电机转换成电能,给蓄电池充电;急加速时,发动机与电动机协同工作;减速或制动时,发动机与电动机停止工作;怠速时,若蓄电池电量充足,发动机与电动机全部停止工作,若蓄电池电量不足,发动机运转,给蓄电池充电。混合动力系统组成如图 1-4 所示。

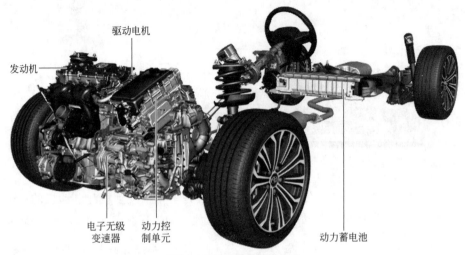

图 1-4 混合动力系统组成

② 本田 i-MMD 混合动力系统。第十代雅阁使用了本田第三代 i-MMD 双电机混合动力系统(图 1-5)。双电机是指发电机和驱动电机(图 1-6)。

本田 i-MMD 混合动力系统有三种不同的运转模式: 电机驱动模式(EV drive mode)、混合驱动模式(hybrid drive mode)及发动机驱动模式(engine drive mode)。该系统只有在高速、匀速的情况下才有可能直接通过发动机驱动车辆,其余情况均是纯电驱动或发动机发电供电机驱动车辆(图 1-7)。

优点:

a. 可在油耗低、污染少的最优工况下工作,由于内燃机可持续工作,动力蓄电池可以不断得到充电,故其续航里程和普通汽车一样。

b. 可通过动力蓄电池回收制动、下坡和怠速时的能量。

c. 低速行驶可关停内燃机,由动力蓄电池单独驱动,实现零排放。

d. 可方便地使用耗能大的空调、取暖、除霜等功能,克服纯电动汽车遇

图 1-5 本田 i-MMD 混合动力系统

图 1-6 双电机结构

到的相应难题。

e. 可使动力蓄电池保持在良好的工作状态下，延长使用寿命，降低成本。

缺点：长距离高速行驶节省的油耗有限。

（3）燃料电池汽车

燃料电池汽车（简称 FCEV 或 FCV）是一种以燃料电池系统作为单一动力源或者是以燃料电池系统与可充电储能系统作为混合动力源的电动汽车。其

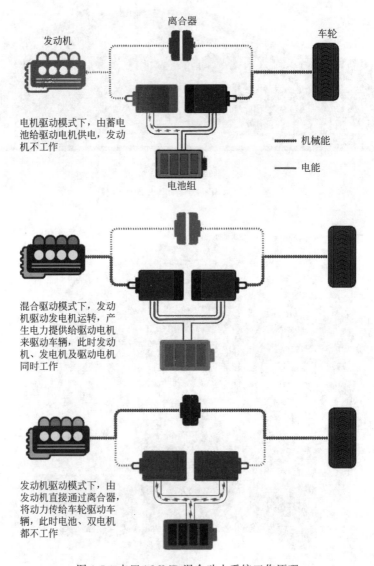

图 1-7　本田 i-MMD 混合动力系统工作原理

电池的能量是通过氢气和氧气之间的化学反应直接产生的电能。燃料电池的化学反应过程不会产生有害产物，因此燃料电池汽车是无污染的汽车。燃料电池的能量转换效率比内燃机要高 2～3 倍，因此从能源的利用和环境保护方面看，燃料电池汽车是一种理想的车辆。

　　燃料电池汽车主要由燃料电池（动力源）、储氢罐（氢气系统）、动力控制单元、动力蓄电池（辅助动力源）、电流转换器（交直流转换）、电动机等组成，主要零部件在车上的布置如图 1-8 所示。

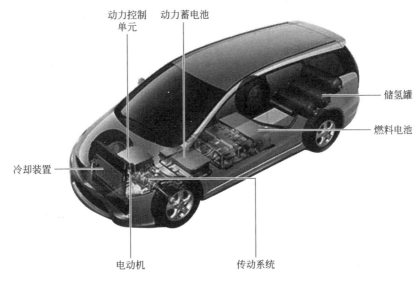

图 1-8　燃料电池汽车主要零部件在车上的布置

与传统汽车相比，燃料电池汽车具有以下优点：

① 零排放或近似零排放。

② 减少了机油泄漏带来的环境污染。

③ 运行平稳，无噪声。

（4）增程式电动汽车

增程式电动汽车（简称 REEV）在纯电动模式下可以达到其所有的动力性能，而当车载可充电储能系统无法满足车辆的续航里程要求时，打开车载辅助供电装置（一般为小型发动机）为电动汽车的动力系统提供电能，可延长续航里程，但车载辅助供电装置不能直接驱动车辆。

优点：具有较长的续航里程；起步时加速动力足，电动机低速转矩大，加速快；可依靠自带的发动机发电，给动力蓄电池充电。

缺点：由于发动机并不直接驱动车轮，造成了部分功率的浪费；发动机和电动机的重量较重。

二、典型新能源汽车

1. 典型纯电动汽车技术参数

典型纯电动汽车技术参数如表 1-1 所示。

表 1-1　典型纯电动汽车技术参数

车型		同悦	e6	EV200	荣威 E50	启辰晨风	逸动 EV	腾势 EV	Leaf	i3EV	Model S
生产企业		江淮	比亚迪	北汽	上汽	东风日产	长安	比亚迪-戴姆勒	日产	宝马	特斯拉
整车参数	车长/mm	4155	4560	4025	3569	4467	4620	4642	4445	4006	4978
	整备质量/kg	1200	2295	1295	1080	1494	1610	2090	1493	1195	2090
驱动电机	电机类型	永磁同步	永磁同步	永磁同步	永磁同步	永磁同步	永磁同步	永磁同步	永磁同步	永磁同步	三相异步
	最大功率/kW	27	90	53	52	109	90	86	80	125	225
	最大扭矩/N·m	170	450	180	155	254	280	290	280	250	600
动力电池	电池类型	磷酸铁锂	磷酸铁锂	三元锂	磷酸铁锂	磷酸铁锂	锂离子	磷酸铁锂	锂离子	锂离子	锂离子
	电池能量/kW·h	18	63	30.4	18	24	26	47.5	24	19	70
整车性能	最高车速/(km/h)	95	140	130	130	145	140	120	150	150	200
	0～100km/h 加速时间/s	—	10	15	14.6	—	4(0～50km/h)	14	9.9	7.2	6.2
	续航里程/km	150	300	245	120	175	200	253	200	160	370

2. 典型新能源汽车案例

（1）特斯拉纯电动汽车

特斯拉（Tesla）是一家美国电动汽车及能源公司，产销电动汽车、太阳能板及储能设备。

2008 年，特斯拉发布了第一款汽车产品 Roadster。这是全球首款量产版纯电动敞篷跑车，是第一辆使用锂电池技术、每次充电能够行驶 320km 以上的纯电动汽车，动力蓄电池为松下生产的 18650 电池，电机由富田电机提供。

2012 年，特斯拉发布了四门纯电动豪华轿跑车 Model S 和全尺寸纯电动SUV 车型 Model X。

2014 年 10 月，特斯拉发布了搭载双电机的 Model S P85D 纯电动跑车。该车配备四轮全驱系统，最高速度可以达到 250km/h，装有两个电机，较大的电机驱动后轮，较小的电机驱动前轮，最大续航里程可达到 442km。

2015 年 7 月，特斯拉推出了三款车型，分别是旗舰版 Model S P90D、最长里程版 Model S 90D/Model S 90 和入门版 Model S 70。其中，Model S P90D、Model S 90D 都是双电机四轮驱动的版本，Model S 90 则是单电机后

轮驱动的版本。

特斯拉新款汽车为 Model 3（图 1-9），它首次公开于 2016 年 3 月，并于 2017 年末开始交付，有 SUV 版和旅行版。

图 1-9　特斯拉 Model 3

2019 年 12 月，首批国产特斯拉 Model 3 在上海临港超级工厂交付。该车的续航里程为 445km，最高车速为 225km/h，0～100km/h 加速时间为 5.6s。

2021 年 1 月，中国制造新款标准续航升级版 Model 3 新增部分功能，包括电动尾门、新大灯、前排双层玻璃及手套箱 USB 口和 U 盘等，在外观、内饰、舒适性和能量效率方面均进行了优化。

（2）宝马 i3 纯电动汽车

宝马 i3 纯电动版是宝马首款量产的纯电动城市小车（图 1-10）。宝马 i3 的电机最大输出功率可达 125kW，峰值扭矩为 250N·m，配备后轮驱动系统，0～100km/h 加速时间为 7.2s，最高车速可达 150km/h。车辆依靠一组锂离子电池供电，在电量充足的情况下，最大续航里程可达 257km。电池组采用高速充电器，电池组完成充电 80％仅需要 1h。

图 1-10　宝马 i3 纯电动汽车

（3）比亚迪纯电动轿车

比亚迪公司是国产新能源汽车厂商，其销量较好的纯电动轿车有比亚迪秦 EV300、比亚迪 e5、比亚迪 e6 等。比亚迪 e6 纯电动轿车（图 1-11）一次充满电可行驶 300km。比亚迪 e6 动力系统的输出功率可达 75kW，10s 内可达到最高车速 140km/h，使用专业充电站，可在 15min 内充至 80% 电量。

图 1-11　比亚迪 e6 纯电动轿车

（4）北汽纯电动汽车

北京新能源汽车股份有限公司，是一家以环保乘用车为主要经营范围的新能源科技公司，已经推出了 EH、EU、EX、EV、EC、LITE 六大系列车型 10 余款纯电动汽车，主要产品包括 EU5、EX360、EC200、EC180、EU260、EX260、EV160、EV200、EH300 等。其中，EV200（图 1-12）在经济模式下，最大续航里程可达 245km，0～50km/h 加速时间为 5.3s。

图 1-12　北汽 EV200 纯电动汽车

（5）吉利帝豪 EV300 纯电动汽车

2017 年 3 月，吉利帝豪 EV300 车型（图 1-13）正式上市。该车动力蓄电池采用三元锂电池，综合续航里程可达 300km，等速 60km/h 的条件下续航里程为 360km，快充 45min 电量便可达到 80%。帝豪 EV300 还配备了电池智能温控管理系统（ITCS），实现了动力蓄电池低能耗的低温预热和高温冷却。ITCS 可有效提升动力蓄电池在充、放电过程中的使用效率。

图 1-13　吉利帝豪 EV300

三、新能源汽车发展现状与前景

公安部发布统计数据显示，截至 2021 年底，全国新能源汽车保有量达 784 万辆，占汽车总量的 2.60%；比 2020 年增加 178 万辆，增长 151.61%。其中，纯电动汽车保有量 640 万辆，占新能源汽车总量的 81.63%。新能源汽车增量连续四年超过 100 万辆，呈持续高速增长趋势。

新能源汽车之所以能取得这样的成绩，主要是因为我国多年来大力培育新能源汽车产业链，各个环节逐步成熟，丰富和多元化的新能源汽车产品不断满足市场需求，使用环境也逐步得到优化和改进，新能源汽车越来越受到广大消费者认可。

我国 2011—2020 年新能源汽车销量及增长率如图 1-14 所示。

我国 2018—2020 年新能源汽车分车型销量如图 1-15 所示。

根据乘用车市场信息联席会公布的销售名单，特斯拉的新能源汽车 Model 3 在 2020 年的销售领先。上汽通用五菱凭借全球小型电动车（GSEV）系列产品宏光 MINI EV、新宝骏 E300/E300Plus、宝骏 E100、宝骏 E200 摘获 2020 年中国纯电动汽车销量冠军。

2020 年 7 月，宏光 MINI EV（图 1-16）在第二十三届成都国际车展正式上市，是上汽通用五菱旗下五菱品牌的首款四座新能源车，定位为"人民的代步车"，聚焦短途便捷出行场景，推出共 3 种配置车型。该车配备 20kW 电机，

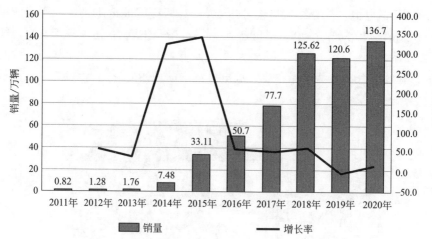

图 1-14 我国 2011—2020 年新能源汽车销量及增长率

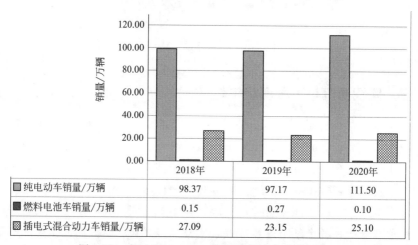

	2018年	2019年	2020年
纯电动车销量/万辆	98.37	97.17	111.50
燃料电池车销量/万辆	0.15	0.27	0.10
插电式混合动力车销量/万辆	27.09	23.15	25.10

图 1-15 我国 2018—2020 年新能源汽车分车型销量

图 1-16 宏光 MINI EV

峰值扭矩为 85N·m，三元锂离子动力蓄电池组则有 13.82kW·h 和 9.2kW·h 两个版本，续航里程有 170km 和 120km 两种。宏光 MINI EV 充电模式不依赖传统充电桩，家用 220V 电源即可完成便捷充电。

无论从电动汽车技术发展路径还是国家政策导向而言，纯电动路线都是未来汽车发展的大势所趋，纯电动路线始终是我国新能源汽车发展战略布局的重心。

2001 年 863 计划节能与新能源汽车重大项目确定了新能源汽车产业格局的"三纵三横"战略，即以纯电动汽车、混合动力汽车和燃料电池汽车为"三纵"，以多能源动力总成控制系统、电机及其控制系统、电池及其管理系统为"三横"，如图 1-17 所示。工信部《新能源汽车生产企业及产品准入管理规定》明确提出新能源汽车起步期、发展期、成熟期三个不同技术阶段。

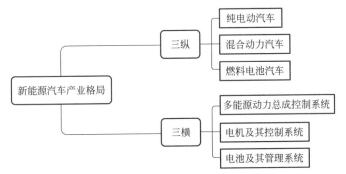

图 1-17　新能源汽车产业格局

2020 年 10 月 27 日，由工信部指导、中国汽车工程学会组织，全行业 1000 余名专家历时一年半修订编制的《节能与新能源汽车技术路线图（2.0 版）》在上海发布，提出：至 2035 年，新能源汽车将逐渐成为主流产品，汽车产业基本实现电动化转型；新能源汽车市场占比超过 50%，燃料电池汽车保有量达到 100 万辆左右，节能汽车全面实现混合动力化，汽车产业实现电动化转型；各类网联式自动驾驶车辆广泛运行于中国广大地区，中国方案智能网联汽车与智慧能源、智能交通、智慧城市深度融合。

第二节　电动汽车结构认知

一、电动汽车的基本结构

电动汽车与传统汽车最大的区别在于动力系统。如图 1-18 所示，电动汽车的基本结构主要包括动力蓄电池系统、动力驱动系统和整车控制系统三部分，此外还有车辆辅助控制系统以及动力传动系统等。

图 1-18　电动汽车的基本结构

1. 动力蓄电池系统

电动汽车动力蓄电池系统（也称电池管理系统，BMS）是一个集成的动力能量系统，通过车载网络 CAN 总线与整车控制系统、车载充电机、驱动电机控制器等部件进行通信，并协同工作来完成车辆的正常行驶。动力蓄电池系统在向全车提供电能的同时，还支持对动力蓄电池的电量计算评估、安全监测、异常情况报警、充放电控制、预充控制、电池一致性检测、漏电监测、电量平衡及系统自检等。

2. 动力驱动系统

动力驱动系统是电动汽车的心脏，主要由驱动电机和驱动电机控制器组成。

3. 整车控制系统

整车控制系统通过采集驾驶信号判断驾驶人的意愿，根据车辆实际行驶状况以及动力蓄电池和驱动电机的工作状态合理分配动力，使车辆运行在最佳状态。电动汽车以整车控制器为主节点，通过 CAN 总线网络对电动汽车动力链的各个环节进行管理、协调和监控，以此实现整车的驱动控制、能量优化控制、制动回馈控制以及网络管理等功能。

二、电动汽车主要部件

如图 1-19 所示，电动汽车主要组成部件包括动力蓄电池、整车控制器

（VCU 或 VCM，整车控制单元或模块）、驱动电机、驱动电机控制器、高压配电盒、DC/DC 转换器、车载充电机、漏电传感器、维修开关等。电动汽车主要部件安装位置如图 1-20 所示。

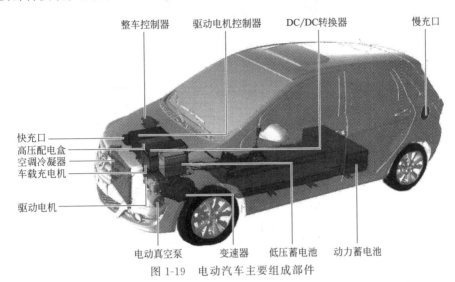

图 1-19　电动汽车主要组成部件

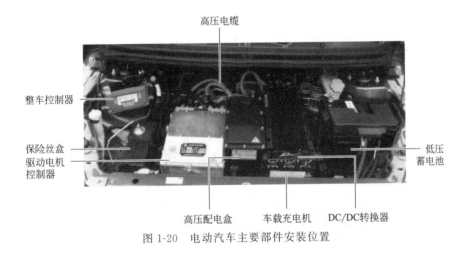

图 1-20　电动汽车主要部件安装位置

1. 动力蓄电池

动力蓄电池是电动汽车唯一的动力源。动力蓄电池也称动力电池、高压电池包等，是将化学能转化成电能的一种装置。电动汽车上的动力蓄电池为二次电池，即可充电电池。动力蓄电池的成本占整车成本的 50% 左右。上汽大众 ID.4 X 动力蓄电池如图 1-21 所示，内部结构如图 1-22 所示。

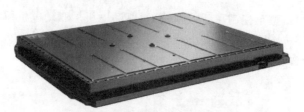

图 1-21　上汽大众 ID.4 X 动力蓄电池

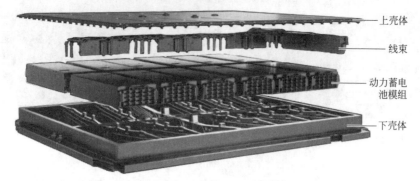

上壳体

线束

动力蓄电
池模组

下壳体

图 1-22　上汽大众 ID.4 X 动力蓄电池内部结构

2. 整车控制器

整车控制器是全车动力系统的主电控单元，是实现整车控制决策的核心，在功能上与燃油汽车发动机电控系统的电控单元 ECU 类似。整车控制器通过采集驾驶人的操作信号、监测车辆信息，来判断并发出控制命令，同时控制车辆其他系统的运行模式。

3. 驱动电机与电机控制器

驱动电机（也称电机）是将电能转换成机械能，为车辆行驶提供驱动力的电气装置。该装置也可以具备机械能转换成电能的功能，如图 1-23 所示北汽

图 1-23　北汽新能源汽车驱动电机

新能源汽车驱动电机。

驱动电机控制器（也称逆变器）是指控制动力蓄电池与驱动电机之间能量传输的装置，由控制信号接口电路、驱动电机控制电路和驱动电路组成。

驱动电机控制器的一端连接来自动力蓄电池的高压电，另一端连接电机的三相交流电缆，将动力蓄电池提供的直流电转换为交流电，然后输出给电机，通过电机的正转来实现整车加速、减速，通过电机的反转来实现倒车。驱动电机控制器通过有效的控制策略，控制动力总成以最佳方式协调工作。在制动能量回收时，也将电机产生的交流电转换成直流电，回馈给动力蓄电池进行充电。北汽新能源汽车驱动电机控制器如图 1-24 所示。

图 1-24　北汽新能源
汽车驱动电机控制器

4. 高压配电盒

高压配电盒（BDU，也称高压配电箱、分线盒）是电动汽车高压电的分配单元，图 1-25 所示为比亚迪 e6 的高压配电盒。动力蓄电池的高压动力电源直接进入高压配电盒，然后根据系统需要再分配到各个高压电气部件。为了进一步简化整车的架构，有些车型高压配电盒还集成了部分动力蓄电池管理系统智能控制单元。

电动汽车在运行时，动力蓄电池的电能主要去向如图 1-26 所示。

使用外部 220V 电源为动力蓄电池充电时，电流的走向：外部 220V 电源→车载充电器→高压配电盒→动力蓄电池。

5. DC/DC 转换器

DC/DC 转换器是在直流电路中将一个电压值的电能转换为另一个电压值的电能的装置，如图 1-27 所示。DC/DC 转换器就是直流转直流的意思，是负责将动力蓄电池的高压（如 316.8V）直流电转换成低压直流电，通常为 12V。DC/DC 转换器在主接触吸合时工作，输出的 12V 电源供给整车低压用电设备工作，并且在低压蓄电池亏电时给低压蓄电池充电，以保证行车时低压用电设备正常工作。比亚迪 e6 的 DC/DC 转换器总成主要包含两个 12V DC/DC 转换器，输入电压均为 200V～400V。其输出电压为 13.8V/100A，最大 110A；或 13.8V/70A，最大 100A。比亚迪 e6 的 DC/DC 转换器还具有输入过欠压、输出过欠压、过流保护、过温保护、CAN 通信等功能。

(a) 外形

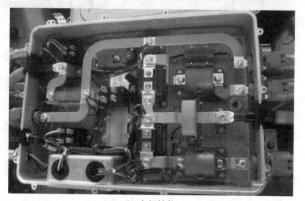

(b) 内部结构

图 1-25 比亚迪 e6 的高压配电盒

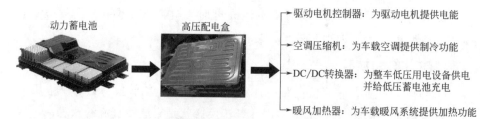

图 1-26 动力蓄电池的电能去向

6. 车载充电机

车载充电机是指固定安装在电动汽车上，将公共电网的电能变换为车载储能系统所要求的直流电，并给车载储能系统充电的装置。北汽 EV150 的车载充电机如图 1-28 所示。车载充电机能够根据动力蓄电池管理系统提供的数据，动态调节充电时的电流或电压参数，自动完成充电过程。

(a) 比亚迪e6的DC/DC转换器　　　　　　　(b) 北汽EV150的DC/DC转换器

图 1-27　DC/DC 转换器

图 1-28　北汽 EV150 的车载充电机

7. 维修开关

如图 1-29 所示，维修开关是电动车辆中一种常用的手动操作设备，可直接断开电动汽车中的高压电，用于使电动车辆紧急断电，从而对车辆进行维修

图 1-29　维修开关

及更换零部件等。

8. 漏电传感器

漏电传感器主要监测动力蓄电池总成与车身的漏电电流。图 1-30 所示为比亚迪 e6 的漏电传感器。

图 1-30　比亚迪 e6 的漏电传感器

三、电动汽车的主要系统

1. 纯电动汽车的系统分类

纯电动汽车包括三个子系统，即电力驱动子系统、能源子系统和辅助子系统，如图 1-31 所示。

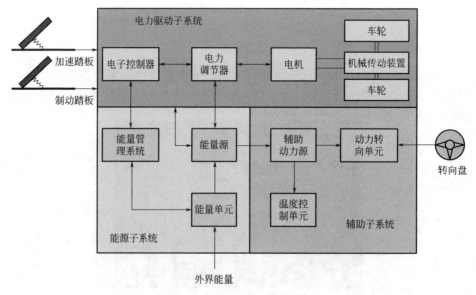

图 1-31　纯电动汽车的系统构成

（1）电力驱动子系统的功能

电子控制器通过电路与制动踏板和加速踏板相连。该电路将制动踏板和加速踏板信号输入到电子控制器，以获得驾驶员的驾驶意图，进而控制电机驱动车辆并进行制动能量回收。

（2）能源子系统的功能

对电力驱动子系统及辅助子系统供能，保证汽车上各部件有稳定的能量来源；估算动力电池剩余电量，当动力电池能量不足时，能够提示对动力电池进行充电，以及时补充车辆的能量。

（3）辅助子系统的功能

同传统燃油汽车一样，纯电动汽车也配备有助力转向、空调和音响等辅助子系统，不同的是这些系统完全利用存储在动力电池中的电能。辅助子系统的作用就是完成助力转向、车内空调温度调节及夜间照明等功能。

2. 电力驱动子系统的电气与机械系统组合方式

不同子系统又可分为不同的部分，就电力驱动子系统而言，可分为电气和机械两大系统。其中，电气系统包括电机、功率转换器和电子控制器等；机械系统的组成主要包括机械传动装置和车轮等。电力驱动子系统的电气与机械系统有着多种组合方式，其基本布置方式通常可分为机械驱动式、电机-驱动桥组合式、电机-驱动桥整体式和分散式轮毂电机四种。

（1）机械驱动式

机械驱动布置方式是指在纯电动汽车中，电机通过机械方式驱动汽车行驶。这一布置方式是在保持传统汽车传动系统基本结构不变的基础上，用电机替换传统汽车的内燃机，其驱动系统的整体结构与传统燃油汽车的区别很小。图 1-32 所示为这种布置方式的基本原理。

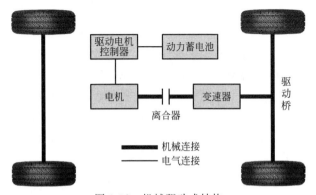

图 1-32　机械驱动式结构

电机输出的转矩经过离合器传递到变速器，利用变速器进行减速增矩后，经传动轴传递到主减速器，然后经过差速器的差速作用后，由半轴将动力传输至驱动轮驱动汽车行驶。

采用这种驱动形式的纯电动汽车的变速器相对简单，挡位一般有两个即可，并且无须设置倒挡，而是利用驱动电机的反转实现倒退行驶。这种结构形式保留了传统汽车的变速器、传动轴、后桥和半轴等传动部件，省去了较多的设计工作，控制也相对容易，适于在原有传统汽车上进行改造。但是，由于电机至驱动轮之间的传动链较长，因此它的传动效率相对较低，这也就削弱了电机效率高的优点，但有利于研发人员集中精力进行电机及其控制系统的开发，所以早期的纯电动汽车开发常采用这种布置方式。

（2）电机-驱动桥组合式

在机械驱动布置方式的结构基础之上进一步简化，可以得到电机-驱动桥组合式结构，如图 1-33 所示。这也是目前纯电动汽车广泛采用的驱动系统布置方式。

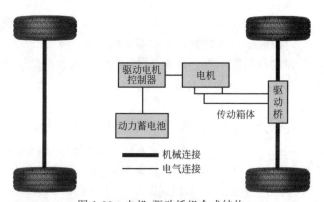

图 1-33　电机-驱动桥组合式结构

同机械驱动布置方式相比，这一结构省掉了离合器和变速器，采用一个固定速比的主减速器，使传动系统更加简化，传动效率得到提高，同时还使整车机械系统的质量和体积得到缩小，有利于整车布置。另外，减速器的使用还能够改善车辆行驶时电机工作点的分布，从而提高电机利用效率。这种驱动系统布置形式是在驱动电机端盖的输出轴处加装主减速器和差速器等，如图 1-34 所示，通过固定速比的减速作用来放大驱动电机的输出转矩。这种布置形式的传动部分比较紧凑，效率较高，而且便于安装。

纯电动汽车的驱动电机具有比较宽的调速范围。此外，电机的输出特性曲线与车辆行驶时所要求的理想驱动特性曲线比较接近，电机-驱动桥组合驱动布置方式能够充分利用驱动电机的这一优点。这一结构的传动系统采用固定速

图 1-34 典型的组合式驱动桥实物

比的减速器、差速器和半轴等较少的机械传动部件来传递电机的驱动转矩，使传动系统得到简化，因此能够有效地扩大汽车动力电池的布置空间和汽车的乘坐空间。除此之外，此结构还具有良好的通用性和互换性，便于在传统汽车底盘上安装、使用，维修也较方便。但这种布置形式对驱动电机的调速要求比较高，与机械驱动布置方式相比，此结构要求电动机在较窄速度范围内能够提供较大转矩。按照传统汽车的驱动模式，可以有电机前置前驱（FF）或电机后置后驱（RR）两种方式。

（3）电机-驱动桥整体式

同电机-驱动桥组合式相比，电机-驱动桥整体式驱动系统更进一步减少了传动系统的机械传动部件数量，因而使整个传动系统的传动效率进一步提高，同时可以节省很多空间。其结构原理如图 1-35 所示。

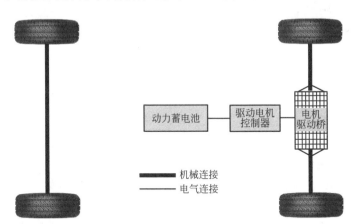

图 1-35 电机-驱动桥整体式结构

电机-驱动桥整体式结构已不再是在传统汽车驱动系统上进行改动，其结构与传统汽车存在很大差异，已形成了纯电动汽车所独有的驱动系统布置形式。这一结构便于采用电子集中控制，使汽车网络化和自动化控制的逐步实现成为可能。

电机-驱动桥整体式结构把电机、固定速比减速器和差速器集成为一个整体，通过两根半轴驱动车轮，和发动机横向前置前轮驱动的传统内燃机汽车的布置方式类似。根据电机与驱动半轴的连接方式不同，电机-驱动桥整体式驱动系统布置形式有同轴整体式结构和双联整体式结构两种，如图 1-36 和图 1-37 所示。

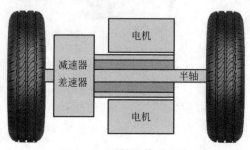

图 1-36　同轴整体式结构

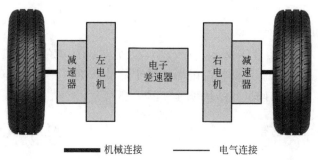

图 1-37　双联整体式结构

同轴整体式驱动系统的电机轴是一种经过特殊制造的空心轴，在电机一端输出轴处装有减速机构和差速器。半轴直接由差速器带动，一根半轴穿过电机的空心轴驱动另一端的车轮。由于这种结构采用机械式差速器，所以汽车转弯时和传统汽车类似，其控制比较简单。

双联整体式驱动系统也称双电机驱动系统，这一结构的左右两侧车轮分别由两台电机通过固定速比减速器直接驱动。这一结构取消了机械差速器，在左右两台电机中间安装有电子差速器，利用电子差速器满足汽车的转向需求，每台驱动电机的转速可以独立地调节控制。电子差速器的一大突出优点是能使纯电动汽车得到更好的灵活性，而且可以方便地引入驱动防滑控制系统（ASR）的控制，通过控制车轮的驱动转矩或驱动轮主动制动等措施提高汽车的通过性和在复杂路况上的动力性。另外，电子差速器还具有体积小、重量轻的优点，在汽车转弯时可以通过精确的电子控制来提高纯电动汽车的性能。与同轴整体式驱动系统相比，双联整体式驱动系统在不同条件下对两台驱动电机进行精确控制的可靠性还需要进一步提高，但由于增加了驱动电机和功率转换器，使初始成本增加，结构也较为复杂。这样的布置形式与前面的几种有着很大的不同，纯电动汽车的驱动系统布置形式发展到这一步时，才有可能把纯电动汽车的优势充分地体现出来。

与传统汽车相比，电机-驱动桥整体式驱动系统在汽车上的布局也有电机前置前驱（FF）和电机后置后驱（RR）两种形式。整体式驱动系统具有结构紧凑、传动效率高、重量轻、体积小、安装方便等优点，并具有良好的通用性和互换性，已在小型电动汽车上得到了应用。

（4）分散式轮毂电机

在电机-驱动桥整体式基础上更进一步简化机械驱动系统、减少机械传动零件，便可得到分散式轮毂电机结构。这一驱动方式就是把驱动电机安装在车轮轮毂中，电机输出转矩直接带动驱动轮旋转，从而实现汽车的驱动，如图 1-38 所示。

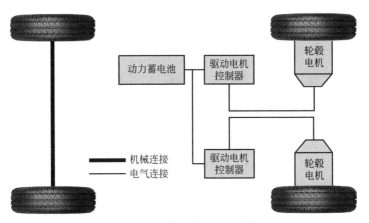

图 1-38　分散式轮毂电机结构

这种布置方式把电机-驱动桥整体式驱动布置方式中的半轴也取消了，其结构更为简洁、紧凑，整车重量更轻。同传统汽车相比，分散式轮毂电机纯电动汽车把传统汽车的机械传动系统所占空间完全释放出来，使动力电池、后备厢等有足够的布置空间。同时，它还可以对每台驱动电机进行独立控制，有利于提高车辆的转向灵活性和主动安全性，可以充分利用路面的附着力，便于引用电子控制技术。这种布置方式比其他各布置方式更能体现出纯电动汽车的优势。采用分散式轮毂电机的动力系统必须要解决的问题就是如何保证车辆行驶的方向稳定性，同时，动力系统的驱动电机及其减速装置，必须能够布置在有限的车轮空间内，要求该驱动电机体积较小。

四、电动汽车的工作原理

不同厂家生产的纯电动汽车结构、配置不同，其整车工作原理会有较大差异。比亚迪 e6 纯电动汽车工作原理如图 1-39 所示。

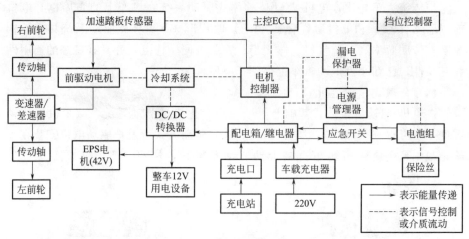

图 1-39 比亚迪 e6 纯电动汽车工作原理

电源接通汽车行驶时，主控 ECU 接收挡位控制器、加速踏板传感器和角度传感器等各方面信息，判断、计算后发出指令传递给电机控制器，以控制流向前驱动电机的电流。此时，电池组电流通过应急开关、配电箱/继电器之后，一路经过电机控制器向前驱动电机供给需要的电流，另一路经过 DC/DC 转换器，将 330V 高压直流电转换为 42V 低压直流电，提供给 EPS（电动助力转向系统）使用。同时，电池组受电池管理器管理，将电池组的瞬时电压、电流、温度、存电情况等信息传递给电池管理器，以防止电池组过放电或温度过高而损坏。如果发生漏电情况，漏电保护器起作用。一旦发生短路等紧急情况，保护装置（保险丝）即刻熔断。

第二章

电动汽车
安全与操作

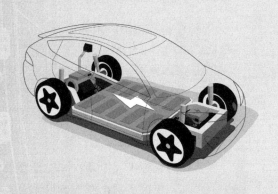

第一节 高压安全防护

一、电流对人体的危害

电动汽车的动力蓄电池具有高压电，而且存在漏电的可能性，如果不注意防护就会发生触电事故。触电是指人体触及带电体时，电流对人体造成伤害。

1. 电动汽车的高压特点

① 高压一般都设计在300V以上。如特斯拉 Model S 的动力蓄电池总电压为400V。

② 高压存在的形式既有直流，也有交流。这包括动力蓄电池的直流电，也包括充电时的 220V（或 380V）电网交流电，以及电机工作时的三相交流电。

③ 高压对绝缘的要求更高。电动汽车上的绝缘材料需要具有更高的绝缘性能，否则当电压超过 200V 时可能就变成了导体。

④ 高压要求正负极距离大。若电压高到 200V 以上，当正负极之间距离较远时就会击穿空气而导电，如在 300V 电压下，两根导线距离 10cm 时就会发生击穿导电。

2. 电压的安全级别

依据国家标准《电动汽车安全要求》（GB 18384—2020）中对人员触电防护的要求，根据不同电压等级可能对人体产生的伤害和危险程度不同，考虑到空气的湿度和人体在不同工作环境下的电阻，在电动汽车中，为了安全将电压分为 A 和 B 两个级别（如表 2-1 所示）。

表 2-1   电压的级别及范围

电压级别	工作电压 U/V	
	DC(直流)	50～150Hz AC(交流)
A	$0<U\leqslant60$	$0<U\leqslant30$
B	$60<U\leqslant1500$	$30<U\leqslant1000$

A 级是较为安全的电压等级。A 级电压下的维护人员不需要采取特殊的防电保护。

B 级对人体会产生伤害，被认为是高压。在 B 级电压下必须采取必要的防护措施对维护人员进行保护。

3. 触电危害

高电压伤害人体的本质是通过人体的电流。通常，当人体接触到30V以上的交流电或60V以上的直流电时，就有可能发生触电事故。人体的触电并不是指人体接触到了很高的电压，而是过高的电压通过人体这个电阻后，会在人体中形成电流，从而导致对人体的伤害。

在电网中，36V一直被认为是人体安全电压。但实际上，在高电压的电动汽车中，这个电压值并不是绝对安全的，主要原因有两个方面：一方面，人体的电阻会存在个体的差异性，例如胖的和瘦的、男性和女性，其电阻值都会不一样；另一方面，人所处的工作环境不同也会导致人体的电阻值发生变化，例如在潮湿的夏天和干燥的冬天，人体表现的电阻就不一样，环境越潮湿，人体的电阻就会越小。此外，每个人对电流通过身体的反应也不一样，有一部分人可能能够承受更大的电流。因此，目前国际上公认的安全电压是直流60V以下，交流30V以下。

当电压高到一定值以后，会有相应的电流通过人体，人体对电流的反应如图2-1所示。

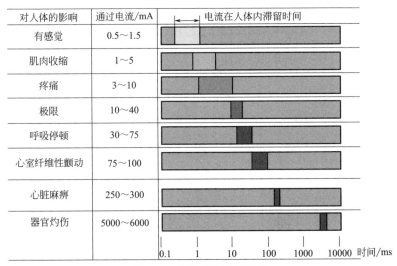

图2-1　人体对电流的反应

① 有大约5mA的电流通过人体时，肌肉收缩，会让人产生麻木感，就可视作是"电气事故"；

② 人体内通过的电流达到约10mA时，就达到了导出电流的极限，人体开始疼痛，无法再导出电流，电流的滞留时间也相应增加；

③ 50mA 电流的长时间滞留会导致人呼吸停顿；

④ 经过人体的电流达到大约 80mA 时，心室纤维性颤动，被认为可致命。

此外，需要注意的是，人体导电主要的原因是血液含有电解液成分，而人体的皮肤、肌肉也具有一定的导电能力。如图 2-2 所示，对于大多数人，整个身体的总电阻值是很低的，特别是有主动脉的地方（胸腔部位和躯干），而最大的危险是电流通过人体时刺激心脏产生的异常颤振。

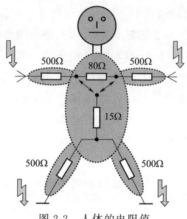

图 2-2 人体的电阻值

如图 2-3 所示，假如一个人的电阻是 1080Ω，接触到 400V 的电压，根据欧姆定律，人体电流：

$$I = U/R = 400V/1080\Omega = 0.37A$$

在电流通过人体时，这个电流值如果在心脏的停留时间达到大约 10～15ms，就会造成致命伤害（心室纤维性颤动）。

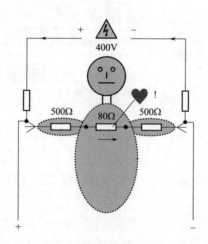

图 2-3 通过人体的电流

4. 高电压对人体的伤害形式

（1）电流对人体的伤害形式

能够最终对人体产生伤害的是电流，电流对人体的伤害有三种形式：电击、电伤和电磁场伤害。

① 电击是指电流通过人体，破坏人的心脏、肺及神经系统的正常功能。

② 电伤是指电流的热效应、化学效应和机械效应对人体的伤害，主要指电弧烧伤、熔化金属溅出烫伤等。

③ 电磁场伤害是指在高频磁场的作用下，人会出现头晕、乏力、记忆力减退、失眠、多梦等神经系统的症状。

（2）交流电与直流电的对比

电动汽车中，高电压系统中的交流电机由三相交流电压驱动，三相交流电机的输出功率和转速由电压大小和频率控制。三相电机处于低频运转状态，所以其引发的电气事故相当危险。

> 💡 注意
>
> 　交流电压的频率越低，危险性越高！交流电会触发心室纤维性颤动，如果不进行急救很快就会致命！

如果规格中注明了交流电压，则该电压指的是行业内通用的有效电压。但是，实际的接触电压会高得多，这取决于交流电压的波形（正弦或者矩形）。图 2-4 说明了交流电压与直流电压的对比情况。可以看到有效电压 25V 的交流电压对人体产生的接触电压比 60V 直流电压要高。

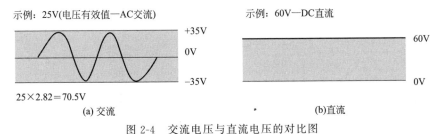

图 2-4　交流电压与直流电压的对比图

二、电动汽车的高压安全防护措施

电动汽车的高压安全防护措施主要体现在维修安全、碰撞安全、电气安全和功能安全四个方面。

（1）维修安全

维修安全主要包含两方面，即传统燃油汽车的维修安全和针对电动汽车的特殊维修安全。电动汽车的维修安全主要是防止高压触电。因此，维修人员在对高电压类型汽车进行操作之前应当保证不会有触电风险。为此，大多数电动汽车在系统上设计有维修开关。当断开维修开关时，动力蓄电池的动力输出立即中断，但仍需等待5min以上才能接触高压部件（此期间用于系统电容放电）。

（2）碰撞安全

当车辆发生碰撞时，车辆的安全系统必须保证碰撞过程中以及碰撞后相关人员的人身安全。对于电动汽车来说，除了传统汽车的相关保护需求之外，还应当满足以下要求。

① 碰撞过程中避免乘员和行人遭受触电风险，在保证人员安全的情况下尽量保护关键部件不受损害。

② 碰撞后保证维护和救援人员没有触电风险。

为此有些车辆设计有图2-5所示的保护电路：将惯性开关串联到高压接触器的供电回路中，当发生碰撞时惯性开关断开，从而切断高压接触器的供电电源，此时动力蓄电池的高压输出便会被断开，保证了乘员、行人、维护和救援人员的高压安全。

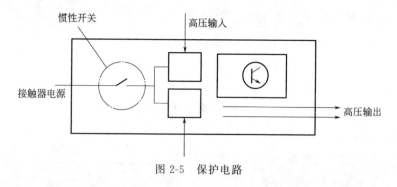

图2-5 保护电路

（3）电气安全

电动汽车的电气安全主要包括防止人员接触到高压电、电池能量的合理分配、充电时的高压安全、行驶过程中的高压安全、碰撞时的电气安全、维修时的电气安全等。

在电气系统中主要采用以下安全措施。

① 用不同颜色的线代表不同电压，高压线颜色统一为橙色，因此一定要高度重视高压部件上的橙色高压线路。图2-6所示为电动汽车控制器上的高压线。

② 高压部件上面设置警示标志。每个电动汽车的高电压部件壳体上都带有一个高压警示标志，售后服务人员或车主均可通过标志直观地看出该部件带

图 2-6　电动汽车控制器上的高压线

有高电压。所用警示标志为国际标准规定的图案，如图 2-7 所示。

图 2-7　电动汽车电机控制器上的高压警示标志

　　③ 带高压电零件的防接触保护。采用多层（三层）绝缘防止意外直接或间接接触带电零件。

　　④ 电隔离。高压电采用正负极与车辆接地绝缘。发生简单故障时，这种保护可以防止电击。

　　⑤ 高压零部件的插接件采用安全设计，既可防止人员直接接触到高压，还可防水、防尘，降低高压系统绝缘出现问题的风险。

　　⑥ 高压接触器和短路保护器。动力蓄电池与外部高压回路之间设计有高

压接触器，以保证在驾驶员无行驶意图或充电意图时，车辆除电池内部之外的高压系统是不带高压电的；只有当驾驶员将车辆钥匙转到启动挡或对动力蓄电池进行充电时，接触器才可能会闭合。当高压系统出现短路等危险情况时，为保护乘员和关键零部件，需设计短路保护器。如果通过短路保护器的电流大于某个值，该保护器便会被熔断。

⑦ 预充电回路。动力蓄电池输出高压电之前，先通过预充电回路对电池外部的高压系统进行预充电。预充电回路主要由预充电电阻构成。由于高压零部件的高压正负极之间设计有补偿电容，因此，如果没有预充电电阻，那么在高压回路导通瞬间，补偿电容将会由于瞬间电流过大而烧毁。

⑧ 绝缘电阻监测。绝缘电阻监测系统检测整个高压系统有无绝缘故障，并在仪表中用声音或光表现故障。若绝缘电阻值过小，整车控制器发送接触器断开指令。

⑨ 高压互锁。整个高压系统设置了一个导通环，如果导通环传送的信号中断，则切断电压并对高压系统的电容进行放电。

⑩ 服务断开/高压接通锁。工作人员使用诊断辅助系统断开电压后，不仅要确保关闭整个高压系统（高压互锁打开），还要防止高压系统通过"点火开关开启"重新接通。借助高压接通锁的插入（连接），对高压系统又加了一道防止接通的保险。

⑪ 电源极性反接保护。意外接错电源正负极，系统将自动切断高电压。

⑫ 开盖检测保护。高压电池与部件的盖子上设有低压开关，在低压开关打开（盖子被打开）时，系统切断高电压。

⑬ 主动泄放与被动泄放。电动汽车主动与被动监测是否存在对车身短路，自动快速地将电池组电能泄放掉，避免电池发热燃烧。

此外，电动汽车高压系统的每一个高压回路均有保险丝作为过电流保护。动力蓄电池总成内部增加了一定数量的保险丝盒和接触器进行保护，动力蓄电池的每根采样线也有单独的保险丝保护，即使发生短路，也可保证电池包等高压部件及线束不会短路损坏或起火。

（4）功能安全

功能安全主要包括转矩安全管理、充电安全措施及电池组安全管理。通过功能安全管理及相关措施，保证车辆安全控制策略的施行。

三、电动汽车上的高压危险

1. 电动汽车的安全隐患

电动汽车安全隐患包括高压触电、动力蓄电池安全隐患以及危险运行工况下的安全隐患。

（1）高压触电

在电动汽车中，人体常见的触电形式如图 2-8 所示。

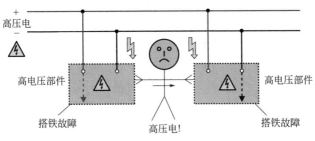

图 2-8 人体常见的触电形式

对于系统中的高电压部件，如果内部破损或者潮湿，有可能会传递给外壳一个电动势。如果有两个外壳具有不同电动势的部件，在两个外壳之间会形成具有危险性的电压，此时，如果手触及这两个部件，人体就会有触电的危险。

（2）动力蓄电池安全隐患

以目前电动汽车广泛应用的锂电池为例，锂电池在正常使用过程中不会出现安全问题，但电池的不正确使用会导致电池的热效应加剧，这是锂电池出现安全问题的导火索，最终表现为电池的"热失控"，从而引起安全事故，"热失控"有以下几种情况。

① 过充电与过放电。在进行车辆充电时，特别是在电池充电末期，电池内部离子的浓度增加，扩散性能下降，浓差极化增加，电池接受能力下降，电池再充电就会出现过充电。过充电时如果电池的散热较好，或者过充电流很小，则电池的温度较低，过充电后只发生电解液的分解，电池仍然安全；如果此时电池的散热较差，或者由于高倍率充电导致电池温度很高而引发化学反应，则往往存在安全隐患。

电池在放电末期提供大电流的能力下降，当电池剩余电量不足而又需要大电流放电时，就会使电池过放电。在发生过放电时，由于电池负极的锂离子减少，脱出能力下降，极化电压增加，因此很容易导致电池负极的活性物质脱落，造成电池内部短路。电池内部短路的直接表现就是迅速产生热量而引发着火。

② 过电流。锂电池过电流主要有以下几种情况。

a. 低温环境下充/放电。在低温环境下，由于电池的导电性和扩散性下降，特别是电池负极的锂离子活动能力下降，电池可接受电流的能力下降，容易导致电池出现过电流。

b. 电池老化、电池的性能下降（包括容量降低、内阻增加、倍率特性下降等）后，仍按照原来电流充电容易导致产生的相对电流过大。

c. 电池并联成组。在并联充电过程中，由于电池一致性的差异，单体电池的内阻各不相同，分配到各单体电池的充电电流不同，可能会导致分配到某些单体电池的电流远大于充电电流。

d. 电池的内、外部短路。电池短路会在瞬间产生很大电流，电池内部温度急剧升高，从而使电池发生泄漏、起火等安全事故。

③ 电池过热。除上述提到的过充电、过放电、过电流会导致电池过热外，以下几种情况也会引起电池过热。

a. 电池的热管理系统失效。主要原因是动力蓄电池组总成内电池温度传感器损坏或检测控制电路失效或散热风扇损坏。

b. 电池温度采样点有限。车辆上电池数量众多，很难对每个单体电池都实现温度检测。

c. 温度采样位置受限制。由于电池本身结构的限制，电动汽车的电池管理模块对电池的温度采样点一般都在电池正负极接线柱上，或者通过贴片采集电池外壳的温度，不能反映实际的电池内部温度。

d. 工作环境温度高。如果电池靠近驱动电机或空气压缩机等发热部件，则会导致电池过热。

电池温度升高引发的隐患包括电池本身性能的逐步下降，进一步加剧电池内部的短路。

此外，电池本身温度过高会导致电池产生热变形，从而产生泄漏等事故。

（3）危险运行工况下的安全隐患

电动汽车由于存在高电压，故在行驶中发生事故时，如果没有很好的安全设计，很容易存在安全隐患，这些安全隐患主要体现在以下几个方面。

① 高压系统短路。当动力系统的高压电路短路时，将会导致动力蓄电池瞬间大电流放电。此时动力蓄电池和高压线束的温度迅速升高，将会导致动力蓄电池和高压线束的燃烧，严重时还可能引起电池爆炸。若动力蓄电池的高压母线与车身短路，乘员可能会触碰到动力蓄电池的高压电，从而产生触电伤害。

② 发生碰撞或翻车。当电动汽车发生碰撞或翻车时，可能导致动力系统高压短路，此时动力系统瞬间产生大量热量，存在发生燃烧甚至爆炸的风险；此外还可能造成高压零部件脱落，对乘员造成触电伤害。如果动力蓄电池受到碰撞或因为燃烧导致温度过高，有可能造成电池电解液的泄漏，对乘员造成伤害，发生碰撞或翻车还会对乘员造成机械伤害。

③ 涉水或遭遇暴雨。当电动汽车涉水或遇到暴雨等工况时，由于水汽

侵蚀，高压的正极与负极之间可能出现绝缘电阻变小甚至短路的情况，可能引起电池的燃烧、漏液甚至爆炸，若电流流经车身，可能使乘员面临触电风险。

④ 充电时车辆的无意识移动。当车辆在充电时，如果车辆发生移动，可能会造成充电电缆断裂，使乘员以及车辆周围人员面临触电风险；若充电电缆断裂前正在进行大电流充电，还可能造成电池的高压接触器粘连，从而进一步增加人员的触电风险。

2. 电动汽车上高压危险区域

电动汽车上高压危险区域的所有高电压组件都必须有写着"危险"字样的贴纸。电动汽车上的高压危险区域如表 2-2 所示。

表 2-2　电动汽车上的高压危险区域

序号	高压危险区域（颜色为橙色）	部件位置
1		电机接头
2		高压电正负极到高电压组件的输出端
3		高压蓄电池充电单元的输出端
4		空调压缩机的输出端

续表

序号	高压危险区域(颜色为橙色)	部件位置
5		高压加热器(PTC)的输出端
6		动力蓄电池的输出端

四、高压警示标志

1. 安全标志

电动汽车上必须根据固有危险性对所有带高电压的组件进行标示。安全标志应符合 GB 2894—2008《安全标志及其使用导则》、GB 2893—2008《安全色》的有关要求。

带高压电车辆的维修，对维修工位有特别的要求，在维修新能源汽车时必须具有单独的维修工位。该工位的设备采用特殊的颜色与其他工位进行区别。

当工位上有带高压电的车辆进行维修时，必须在工位周围布置有明显的警示标志，避免他人未经允许进入高压工位而发生危险。图 2-9 所示为高压警示

图 2-9　高压警示标志

标志。

2. 维修车间标志

维修车间的车辆必须为所有员工清楚地做好标志。只要车辆在车间，高压电技师就需要对车辆负全责。表 2-3 所示为大众汽车维修车间标志及含义。

表 2-3　大众汽车维修车间标志及含义

序号	标志	标志含义
1		电池危险警告
2		高压危险警告
3		切勿靠近
4		携带生命辅助设备人员禁止在带高压电的车辆上作业
5		请勿接通
6		禁止充电

续表

序号	标志	标志含义
7		禁止火焰或明火

五、高压安全防护

1. 个人安全防护装备

维修带有高压电的车辆时，维护人员必须做好防止被高压电击伤的安全防护。虽然现有的电动汽车都设计有很好的防止意外触电功能，但是事故车辆及这些车辆的高压动力蓄电池组总成是始终存在高压电的。

防止触电的个人防护装备主要包括绝缘手套、护目镜、绝缘鞋以及非化纤材质的衣服等。

（1）绝缘手套

绝缘手套如图 2-10 所示，用于高压电动车辆维修的绝缘手套通常有两种独立的性能：一是在进行任何有关高压组件或线路的操作时，需要使用橡胶制成的电工绝缘手套，并能够承受 1000V 以上的工作电压；二是具备抗碱性，当工作中接触来自高压动力蓄电池组的氢氧化物等化学物质时，防止这些物质对人体组织的伤害。

绝缘手套需要定期检验。绝缘手套应每 12 个月更换一次，且佩戴内层手套以保证卫生和吸汗效果。

进行每次操作前需查看绝缘手套是否完好，是否破损，检查的方法是向手套内吹入一定的空气，观察手套是否漏气。绝缘手套的使用与检查流程如图 2-11 所示。

图 2-10　绝缘手套

（2）护目镜

如图 2-12 所示，护目镜可防止电池液飞溅进入人眼。带高压电的车辆维修用的护目镜应该具有侧面防护功能，防止维修过程中产生的电火花对眼睛造成伤害。

（3）绝缘鞋

绝缘鞋（靴）的作用是使人体与地面绝缘，防止电流通过人体与大地之间构成通路，对人体造成电击伤害，把触电时的危险降到最低程度。因为触电时

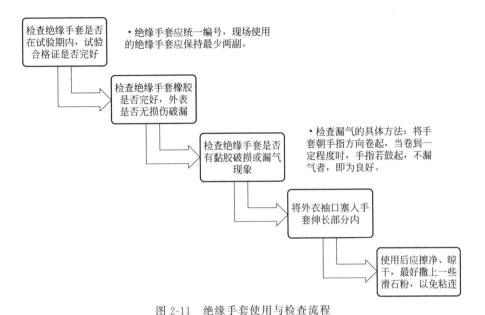

图 2-11　绝缘手套使用与检查流程

的电流是经接触点通过人体流入地面的，所以电气作业时不仅要戴绝缘手套，还要穿绝缘鞋。

如图 2-13 所示，绝缘鞋根据 GB 21148—2020《足部防护　安全鞋》标准进行生产，电阻值范围为 $100k\Omega \sim 1000M\Omega$。该产品还具有透气、防静电、耐磨、防滑等功能。

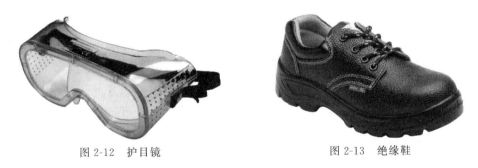

图 2-12　护目镜　　　　　　　　　　　图 2-13　绝缘鞋

绝缘鞋也要定期进行检验，图 2-14 所示为绝缘鞋的使用方法与检查流程。

（4）非化纤工作服

维修高压系统时，必须穿非化纤类的工作服。化纤类的工作服会产生静电，并且当发生火灾事故时，化纤会在高温环境下粘连人体皮肤，导致维修人员受到严重的二次伤害。

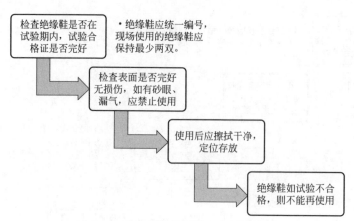

图 2-14　绝缘鞋的使用方法与检查流程

2. 使用绝缘的维修工具

维护高压类车辆时，必须使用带有绝缘功能的工具，这些工具包括常用的套筒、扳手、螺钉旋具、钳子、电工刀等，也包括专用的仪表（如数字式万用表），如图 2-15 所示。

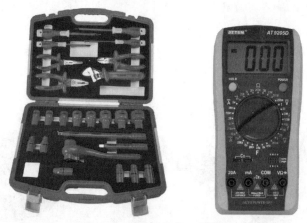

图 2-15　带绝缘垫的工具套装

使用绝缘工具可以有效防止意外触电事故的发生，我国的绝缘电动工具分为三种类型。

Ⅰ类工具：采用普通基本绝缘的电动工具，在防触电保护方面不仅依靠基本绝缘，而且还应附加一个安全预防措施，即在正常情况下不带电，而在其基本绝缘损坏时对变为带电体的外露可导电部分做保护接零。为了可靠，保护接零应不少于两处，并且还要附加漏电保护，同时要求操作者使用绝缘防护用品。

Ⅱ类工具：采用双重绝缘或加强绝缘的电动工具，在防触电保护方面不仅依靠其基本绝缘，而且对其正常情况下的带电部分与可触及的不带电的可导电部分有双重绝缘或加强绝缘隔离措施，相当于将操作者个人绝缘防护用品以可靠的、有效的方式设计制作在工具上。

Ⅲ类工具：采用特低安全电压供电的电动工具，在防触电保护方面依靠安全隔离变压器供电。

在高压电动汽车维修时，要求使用Ⅱ类及以上绝缘电动工具。

六、高压系统中止与检验

由于电动汽车具有高压电，故在维修电动汽车前，必须首先按照高压操作相关规定执行系统电压的中止操作。中止系统高压以后，可以在一定程度上确保汽车高压系统各部分之间不再具有高压电，从而保证维护人员的安全。

维修车辆时，需要根据高压电存在的形式来区别对待。例如，纯电动汽车的动力蓄电池中会一直存在高压电，因此无论什么时候对动力蓄电池进行维修，都需要佩戴个人安全防护用品。但是，当执行了正确的高压中止程序以后，例如逆变器、高压压缩机等系统就不再具有高压电了，此时对这些部件的维修可以不用再预防被高压电击伤的危险了。

1. 电动汽车高压电存在形式

电动汽车的高压系统集中在车辆的驱动系统、空调与暖风系统、电源系统以及带有插电功能的充电系统。根据高压电存在的时间进行分类，电动汽车高压系统的高压电主要有三种存在形式，即持续存在、运行期间存在和充电期间存在，如图 2-16 所示。

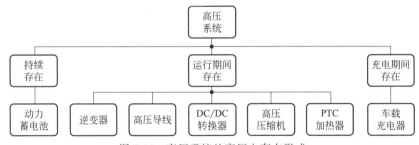

图 2-16　高压系统的高压电存在形式

（1）持续存在

电动汽车的动力蓄电池持续存在高压电，即使在车辆停止运行期间，由于动力蓄电池始终存储有电能，故当满足动力蓄电池的放电条件后，该部件将继续对外放电。

（2）运行期间存在

运行期间存在高压电的部件，是指当点火开关处于 ON、RUN 或其他运行状态下时，部件存在高压电。

运行期间存在高压电的系统或部件有以下两种类型。

① 只要点火开关处于"ON"或"RUN"状态就会存在高压电，这类部件包括逆变器、DC/DC 转换器和连接的高压导线。

② 虽然点火开关处于"ON"位置，但是由于该系统所执行的功能没有被接通，因此相关的部件不会有高压电。如纯电动汽车中的高压压缩机和 PTC 加热器，在驾驶员没有运行车辆的空调或暖风功能时，这些部件上是不会存在高压电的。

（3）充电期间存在

充电期间存在高压电主要针对插电式混合动力和纯电动汽车。此类车辆的车载充电器以及连接的导线只有在车辆连接有外部 220V（或 380V）电网时，即充电期间，才会具有高压电。

需要注意的是，有些车辆的车载充电器和动力蓄电池设计有独立的空调式冷却系统，在车辆充电期间，由于动力蓄电池可能产生很多热量，故车载空调会运行来降低动力蓄电池的温度，此时车辆的高压压缩机也会在充电期间运行，也存在有高压电。

2. 高压电的接通与关闭

在电动汽车中，除动力蓄电池外，其他部件都是由整车控制单元或混合动力控制单元通过接触器控制高压电的接通与关闭的。

接触器即为一个大功率的继电器，它用于控制高压正负极导线之间的接通与断开。接触器通常被布置在动力蓄电池组总成内部或者是独立在一个 BDU（配电箱）中，其内部电路如图 2-17 所示，接触器如果断开，整车仅动力蓄电池上会存在高压电，位于接触器下游的高压系统部件将没有高压电。

（1）接触器接通的条件

① 点火开关置于"ON"挡。

② 高压系统自检未发现漏电等故障。

（2）接触器断开的条件

① 点火开关置于"OFF"挡。

② 高压系统自检到存在安全事故。

系统自检到存在安全事故，主要根据的是自身设定的检验程序。在以下情况下，会因异常情况自动切断高压电，避免人员触电。

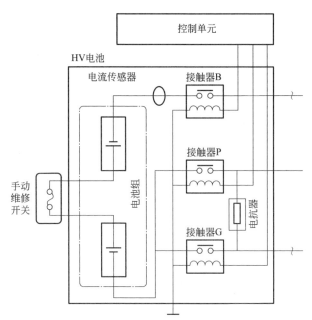

图 2-17　典型电动汽车接触器内部电路

a. 高压系统自检到部件的互锁开关断开。

b. 高压系统自检到部件或高压电缆对车辆绝缘电阻过低。

c. 车辆发生碰撞，且安全气囊已弹出。

3. 手动切断动力蓄电池高压电

按照国家新能源汽车安全标准，在动力蓄电池上都会设计有一个串联的手动维修开关，用于人工切断整个动力蓄电池的回路。当该开关被断开后，整车的高压部件将不再具有高压电，同时动力蓄电池的总输出正负极端口也不再有高压电。

需要注意的是，即使手动开关被断开，动力蓄电池内的电池组及其连接电路在串联的位置仍然具有高压电。

此外，手动维修开关由于能够在物理上直接切断动力蓄电池的高压回路，故汽车制造厂商都会为该开关设计有特殊的锁止结构，避免人为意外触发或者行驶中因为振动等因素断开。手动维修开关的断开方法一般会标示在开关上面，或者标示在车主的用户手册中。

4. 高压系统中止与检验的操作步骤

在维修带有高压电的电动汽车前，务必执行高压电的中止和检验操作，避免意外高压触电。

高压系统的中止与检验操作步骤主要分为高压中止和高压检验两个部分。

（1）高压中止

高压中止主要是通过正确的操作步骤来关闭车辆高压系统。正常情况下，执行高压中止后，车辆除了动力蓄电池外，其他部件都应该不具有高压电。

高压中止的基本步骤如下。

① 关闭点火开关。关闭点火开关后，将钥匙放到一个安全的区域，通常应该远离被维护的汽车。

💡 **注意**

如果使用按钮启动，把钥匙拿到离车至少 5m 远的地方，防止汽车被意外启动。

② 断开辅助蓄电池负极端子。找到 12V 辅助蓄电池，断开电池的负极，并固定搭铁线，以防止移动蓄电池负极端子。

③ 拆除手动维修开关。找到维修开关并断开。当处理橙色高压组件和线路时，确保戴着绝缘橡胶手套。将拆下的维修开关放在口袋中以防其他人将它安装回汽车上，并将裸露的维修开关槽使用绝缘胶布封住。

④ 等待 5min。拆下维修开关后，必须等待 5min，使得高压部件中的电容器完全放电，才可以继续对车辆进行高压检验操作。

（2）高压检验

高压检验是利用数字式万用表再次确认高压中止以后，对具体维修的部件检验其是否已不再有高压电，该步骤符合高压检验的操作标准。

使用万用表测量高压部件连接器的各个高压端子。在执行高压中止以后，每个端子对车身的电压应该小于 3V，且端子正负极之间的电压也应该小于 3V。

如果任一被测量的电压超过 3V，则说明系统内部存在高压黏结情况，需要由经过专业培训的工程师来进行处理。

💡 **注意**

在检验高压端子期间，必须佩戴好个人安全防护用品。

5. 北汽 EV 系列电动汽车高压中止与检验操作

以北汽 EV 系列纯电动汽车拆卸 DC/DC 转换器（变换器）为例。

（1）注意事项

① 对车辆进行维修时，非相关人员不允许随意接触车辆。

② 对贴有高压警示标志的部件都不可随意触摸。

③ 如果需要拆解相关高压部件，拆卸人员必须参加高压电安全培训，熟悉高压电系统。

④ 操作人员还需参加高压电事故急救培训（如由红十字会组织）。

⑤ 对高压部件进行操作时，操作人员需要穿戴好劳保用品，同时还必须使用绝缘手套。

⑥ 对外露高压系统部件进行操作时，必须使用万用表测量是否存在高压电，确保没有高压电再进行操作。万用表需要定期标定，内阻不低于 $10M\Omega$。

⑦ 驾驶结束后关闭车辆，如果需要对高压系统进行拆卸，则需要等待 5min 后再进行。

⑧ 当拆卸或装配电气部件时，必须断开 12V 电源和高压蓄电池上的手动维修开关。

⑨ 在高压部件拆装后，重新接通高压电之前，需要检查所有高压部件的装配、连接，确保其可靠性。

⑩ 所有高压部件都应该保证搭铁良好。

（2）防护措施

① 防高压手套：适用于电工作业的绝缘橡胶手套。

② 安全护目镜：防止电解液飞溅伤害。

③ 高压绝缘鞋：主要在进行高压电力设备方面电工作业时作为辅助安全用具。在 1kV 以下可作为基本安全用具。

④ 灭火器：高压动力蓄电池使用二氧化碳灭火器灭火，也可以使用大量并持续的水进行灭火。

⑤ 吸水毛巾或布：在溢出电解液中和后，使用吸水毛巾吸收多余的电解液。

⑥ 绝缘胶布：使用绝缘胶布覆盖所有的高压电线或端子，如果维修塞被拔出，则使用绝缘胶布包住维修塞槽。

⑦ 维修工作台：必须要使用工作面带有绝缘橡胶的维修工作台。

（3）操作流程

① 将车钥匙置于 OFF 挡，等待高压电容放电 5min。

② 拔下钥匙，打开发动机罩并支起，铺好翼子板布。

③ 断开低压蓄电池负极电缆。

④ 针对采用电源分配单元（PDU）的车型，如 2016 款 EV160、EV200 等车型，应断开 PDU 左后方低压插接件。

⑤ 检查绝缘手套。

a. 确认无裂纹、磨损以及其他损伤。

b. 卷起手套边缘。

c. 折叠开口，并封住手套开口。

　　d. 向手套内吹气，确认无空气泄漏。

　　e. 用同样的方法检查第二只手套。

　　f. 确认密封良好后戴好手套。

　　⑥ 断开动力蓄电池高压线束插口，进行高压断电。

> **提示**
>
> 北汽新能源车型通常没有配备专用的维修开关。

> **注意**
>
> 高压断电必须由有电气资质的人员操作并放置高压安全警示牌。

　　⑦ 使用专用万用表对 DC/DC 转换器进行电压测量，如果所测量值大于 0V，则应使用专用放电棒对该部位进行放电，直到用万用表确认电压完全消失后方可进行下一步。

> **注意**
>
> 　　① 一定要确认处于无电状态，可通过测量 12V 蓄电池电压的方式核实数字式万用表是否正常。
>
> 　　② 测试高压控制盒或 PDU 动力蓄电池端（采用 PDU 的车型）的端子电压、端子的搭铁电压时，每个高压电池插口正负极电压以及正负极搭铁电压，数值不应大于 3V。若测试结果大于 3V，则电池组总成内部可能出现接触器卡滞或高压系统绝缘失效。

七、急救与应急处理

1. 急救

　　援救触电事故中的受伤人员时，自身的安全是第一位的，绝对不要去触碰仍然与电压源有接触的人员。如果可能，马上将电气系统断电，或用不导电的物体（干燥的木板、扫帚把等）把事故受害者或者导电体与电压源分离。基本的高压触电急救流程如图 2-18 所示。

　　（1）迅速脱离电源

　　人体触电以后，可能由于痉挛或失去知觉等原因而紧抓带电体，不能自己摆脱电源。抢救触电者的首要步骤就是使触电者尽快脱离电源。在电动汽车中脱离电源的方法是戴上绝缘手套将触电人员脱开或者切断高压电源。总之，要因地制宜，灵活运用各种方法，快速切断电源，防止事故扩大。

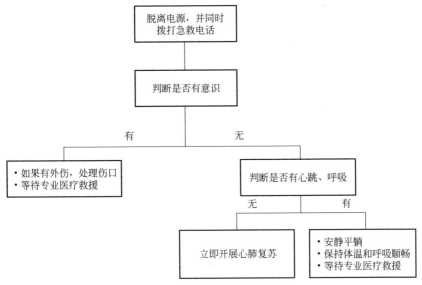

图 2-18　高压触电急救流程

（2）现场急救

当触电者脱离电源后，应根据触电者的具体情况迅速对症救护，力争在触电后 1min 内进行救治。国内外一些资料表明，触电后在 1min 内进行救治的，90％以上有良好的效果，而超过 12min 再开始救治的，救活的可能很小。现场急救可应用的主要方法是口对口人工呼吸法和人工胸外心脏按压法，严禁打强心针。

口对口人工呼吸法是用人工的方法来代替肺的呼吸活动，使空气有节律地进入和排出肺脏，供给体内足够的氧气，充分排出二氧化碳，维持正常的通气功能。

人工胸外心脏按压法是指有节律地对心脏按压，用人工的方法代替心脏的自然收缩，使心脏恢复搏动功能，维持血液循环。

（3）急救方法

① 触电事故。触电者一般有以下四种症状，可分别给予正确的对症救治。

a. 神志尚清醒，但心慌力乏、四肢麻木。对该类人员一般只需将其扶到清凉通风之处休息，让其自然恢复即可，但要派专人照料护理，因为有的患者在几小时后可能会发生病变。

b. 有心跳，但呼吸停止或极微弱。对该类人员应该采用口对口人工呼吸法进行急救。

c. 有呼吸，但心跳停止或极微弱。对该类人员应该采用人工胸外心脏按压法来恢复其心跳。

d. 心跳、呼吸均已停止。该类人员的危险性最大，抢救的难度也最大，应该同时采用人工呼吸和人工胸外心脏按压（即心肺复苏术）进行急救。最好是两人一起抢救，如果仅有一人抢救，则应先吹气 2～3 次，再按压心脏 15 次，如此反复交替进行。

② 电池事故。如果发生电池事故，则应按以下要求进行处理。

a. 如果电池漏液与皮肤发生了接触，则用大量的清水进行冲洗。

b. 如果吸入了电池中冒出的有害气体，则必须马上呼吸大量新鲜空气。

c. 如果眼睛接触到了电池漏液，则用大量的清水进行冲洗（至少 10min）。

d. 如果吞咽了蓄电池内溶物，则应喝大量清水，不要强制催吐。

2. 应急处理

电动汽车的应急处理需求常见的有以下几种。

① 救援：电动汽车被撞或乘员需要解救。

② 火灾：当电动汽车着火时，应该当作"电火"来处理并用干粉灭火器灭火。

③ 泄漏：当高压动力蓄电池液溢出时，要采取特别措施。

④ 牵引车辆：处理电动汽车路上抛锚的情况。

⑤ 跨接启动：当车辆因 12V 电源故障无法启动时，用该方法应急启动车辆。

（1）救援

在对高压电动车辆进行救援时，千万不要因为车辆比较安静就误以为它就处于停机状态。对于混合动力汽车，当车辆处于"READY"模式时（Y 灯亮），发动机会自动停机，所以在检查或维修发动机舱时，要先看看"READY"指示灯是否已经熄灭。

在维修车辆前，首先用挡块挡住车轮并进行驻车制动，挂 P 挡并确认 P 挡指示灯亮，然后按"POWER"按钮并确认"READY"指示灯熄灭，断开 12V 辅助蓄电池，最后拔掉维修开关或者 HV 熔断器。

需要注意的是，在对电动汽车操作时，急救组要知道橙色电缆代表高电压，并在断开高压电池、接触电缆前也要等待 5min，即等电容充分放电完毕。

此外，解救时若高压电缆被撞断，系统会自动切断高压电，因为车辆上的绝缘监测功能会不断地监测高压电缆到金属底盘的漏电。撞车时，气囊展开，高压电源也会自动切断，即使气囊不展开，转换器里面的减速传感器若超过其限位，也会切断高压电。

（2）火灾

高压动力蓄电池电解液主要由带腐蚀性的化学液体组成，因此在着火后，可以采用大量的水或者干粉灭火器灭火。

①灭火器类型。灭火器按灭火材料分类，主要有干粉灭火器、二氧化碳灭火器和泡沫灭火器等类型，其中车间中最常用的是干粉灭火器。

②灭火器适用范围。干粉灭火器、二氧化碳灭火器和泡沫灭火器在灭火原理和使用范围上有较大的区别，如表2-4所示。

表2-4　灭火器的区别

灭火器类型	灭火原理	适用范围	不适用范围
干粉式	灭火时，干粉从钢瓶中喷出，干粉中的无机盐灭火材料产生化学反应，抑制燃烧效果而灭火。同时，干粉落在可燃物表面外发生化学反应，并在高温作用下形成一层玻璃状覆盖层，从而隔绝氧气灭火。另外，干粉还有部分稀释氧和冷却作用	A类火灾 B类火灾 C类火灾	D类火灾 E类火灾 F类火灾
二氧化碳式	灭火时液态二氧化碳从钢瓶中喷出，由液体迅速气化成气体。二氧化碳气体可以排除空气而包围在燃烧物体的表面或分布于较密闭的空间中，降低可燃物周围或防护空间内的氧浓度，产生窒息作用而灭火。另外，液体二氧化碳气化时从周围吸收部分热量，起到冷却的作用	A类火灾 B类火灾	C类火灾 D类火灾 E类火灾
泡沫式	灭火前，把灭火器倒立，钢瓶中的两种溶液混合在一起，产生大量的二氧化碳气体。灭火时，将二氧化碳和泡沫一起喷出，覆盖在燃烧物品上，使燃烧物与空气隔离，并降低温度，达到灭火的目的	A类火灾 B类火灾	E类火灾

注：火灾的类型如下。
A类火灾，如木材、纸张、棉布、纤维等固体材料引起的火灾；
B类火灾，如油液、油脂等液体材料引起的火灾；
C类火灾，如煤气、天然气、氢气等可燃气体引起的火灾；
D类火灾，如钾、钠、镁、铝镁合金等金属材料引起的火灾；
E类火灾，如带电物体和精密仪器等物质的火灾；
F类火灾，烹饪器具内的烹饪物（如动植物油脂）火灾。

③灭火器使用方法。各种灭火器的使用方法类似，下面以手提式干粉灭火器为例，介绍灭火器的使用方法。灭火器的使用方法如表2-5所示。

表2-5　灭火器的使用方法

序号	使用方法步骤	图示
1	提起灭火器	

续表

序号	使用方法步骤	图示
2	摇晃灭火器数次使灭火剂松动,拔出保险销	
3	靠近起火点,保持合适的距离,调整喷管方向,使其对准火源根部	
4	压下压把	
5	对准火焰的根部喷出灭火剂,扑灭火源	

　　使用灭火器时,要注意以下事项:

　　a. 使用灭火器前,要根据火灾性质选择合适类型的灭火器;

　　b. 使用二氧化碳灭火器时,手部不要长时间握住喷管,以免冻伤;

　　c. 使用泡沫灭火器时,要先将其倒置并摇晃,再喷射,喷射时不要与水混在一起,以免影响灭火效果;

　　d. 使用泡沫灭火器扑灭电气火灾时,要先切断电源,以免发生触电事故。

　　常规的 ABC 干粉灭火器,适用于油或电路火灾的扑救。如果只是高压动力蓄电池着火,则推荐使用二氧化碳灭火器。发生大面积的火灾或火势较大时，持续浇水也同样可以用来熄灭高压动力蓄电池火灾，但是使用少量的水，如只用一桶水，是危险的，实际上将加剧高压电池火灾的程度。

（3）泄漏

当面对有可能是高压动力蓄电池溢出的电解液时，应及早穿戴好合适的防护用品，并采用红色石蕊试纸检查溢出液，如果试纸变为蓝色，则溢出的液体需要使用硼酸溶液进行中和。中和完成后，使用试纸再去检查溢出液，确认试纸颜色不改变。中和完毕后，用充足的吸水毛巾或布，吸收事故中溢出的电解液。

（4）牵引车辆

电动汽车被牵引时，由于多数车辆为前轮驱动，故对于这类车辆的牵引，必须严格遵守制造厂商的要求，否则可能损坏车辆的三相驱动电机或变速单元。

无论是混合动力汽车还是纯电动汽车，正确的牵引方法是使其全部平放在货车上，然后由牵引车辆运输到指定的位置。但是，如果是前轮驱动的车辆，也可以采用前轮离地的方式进行车辆的牵引。

（5）跨接启动

无论是电动汽车还是混合动力汽车，其全车控制模块的供电都是通过12V蓄电池来完成的。也就是说，在电动汽车中，除了高压动力蓄电池外，所有的车辆还会配置有12V低压蓄电池。

12V蓄电池用来给所有ECU供电，若没有该电源，ECU不能工作，车辆也无法驱动。如果纯电动汽车或混合动力汽车不能启动，则12V低压蓄电池可以跨接启动。

① 准备一对启动跨接电缆线，如图2-19所示。

图2-19　跨接电缆线

② 准备一辆蓄电池电力充足、与被救援车辆电压一致的救援车辆（也可以是一块电力充足的蓄电池）。

③ 将两辆车靠近，直到跨接电缆足够连接到两块蓄电池的正负极。

④ 如图 2-20 所示，确定好两车蓄电池的正极和负极，使用跨接电缆先将救援车辆正极与被救援车辆正极连接（正极夹子金属部分不能与车身任何地方接触），然后连接救援车辆负极与被救援车辆负极。

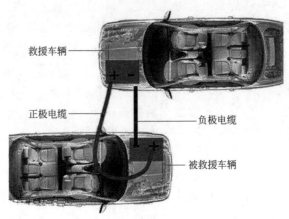

图 2-20 连接跨接电缆

⑤ 分别将两车与启动无关的电气设备关闭，救援车辆先启动运转几分钟，之后被救援车辆可以启动。待被救援车辆启动并运转平稳后，先将两车跨接电缆的负极电缆取下，再取下正极电缆，蓄电池的应急跨接启动过程结束。

第二节　车辆的合理使用

一、车辆基本信息

1. 车辆识别

（1）车辆识别代码

车辆识别代码（vehicle identification number，缩写为 VIN，因为 VIN 一般为 17 位，俗称十七位码，也有称车架号）是汽车制造厂为了识别一辆汽车而规定的一组代码，它由一组数字（数字 0 不能使用）和字母组成（字母 I、O、Q、U、Z 不能使用）。

车辆识别代码经过排列组合，可以使车型生产在 30 年之内不会发生重号现象，这很像我们的身份证不会产生重号一样，它具有对车辆的唯一识别性，因此又有人将其称为"汽车身份证"。车辆识别代码中含有车辆的制造厂家、生产年代、车型、驱动型式、发动机以及其他装备的信息。

　　VIN 码由三个部分组成：世界制造厂识别代号（WMI）、车辆说明部分（VDS）和车辆指示部分（VIS），如图 2-21 所示。

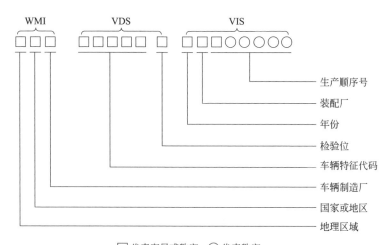

□代表字母或数字　○代表数字

图 2-21　车辆识别代码的构成及含义

　　以车辆识别代码 L6T78Y4W1FN002504 为例，每一位数字代表的含义如表 2-6 所示。

表 2-6　车辆识别代码 L6T78Y4W1FN002504 的含义

位置	定义	字符	说明
1～3	世界制造商识别代号	L6T	浙江吉利汽车有限公司
4	车辆类别代码	7	乘用车
5	车辆主参数代码	8	车长大于 4.6～4.8m
6	发动机类型	Y	电动机峰值功率大于 30kW
7	车身类型	4	三厢/四门
8	驱动型式	W	前驱动、无变速器
		—	后驱动、无变速器
9	检查位	1	VIN 校验码
10	年份代码	F	2015
11	装配厂代码	N	吉利汽车有限公司
12～17	生产顺序号	002504	生产顺序号

　　其中 VIN 码的第 10 位，表示汽车生产年份，年份代码按表 2-7 规定对照使用（30 年循环一次）。

表 2-7 VIN 码年份代码

年份	代码	年份	代码	年份	代码	年份	代码
2001	1	2011	B	2021	M	2031	1
2002	2	2012	C	2022	N	2032	2
2003	3	2013	D	2023	P	2033	3
2004	4	2014	E	2024	R	2034	4
2005	5	2015	F	2025	S	2035	5
2006	6	2016	G	2026	T	2036	6
2007	7	2017	H	2027	V	2037	7
2008	8	2018	J	2028	W	2038	8
2009	9	2019	K	2029	X	2039	9
2010	A	2020	L	2030	Y	2040	A

（2）车辆识别代码的位置

如图 2-22 所示，电动轿车车辆识别代码（VIN 码）的位置一般在仪表板左上角（从车外通过前风窗玻璃可看到）、发动机舱内等，有的车型 VIN 码的位置还可能在驱动电机后上端的车身上、左前门下方及后备厢门内侧等。

发动机舱内　　　仪表板左上角

☆L6T78Y4WXFN000007☆

图 2-22 电动轿车车辆识别代码

2. 车辆标牌（车辆合格证明）

车辆标牌的主要内容如图 2-23 所示，位置一般在车辆右侧 B 柱中下部。

3. 紧急维修开关位置

紧急维修开关位于副仪表扶手箱内，如图 2-24 所示。

中国　浙江吉利汽车有限公司　制造	
L6T78Y4WXFN000007	
品牌：吉利美日	整车型号：MR7002BEV03
驱动电机型号：TM5028	乘坐人数：5
驱动电机峰值功率：95kW	最大设计总质量：1945kg
动力电池工作电压：359.66V	生产日期：2015年06月
动力电池容量：126Ah	

图 2-23　车辆标牌的主要内容

图 2-24　紧急维修开关

4. 驱动电机标识号位置

吉利帝豪驱动电机标识号标牌内容如图 2-25 所示，驱动电机标识号位置如图 2-26 中箭头所示。

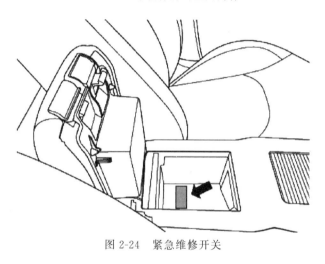

GEELY	精进电动科技(北京)有限公司			
	额定功率	42kW	额定电压	137V
TM5028	额定转矩	105Nm	峰值功率	95kW
100802	峰值转速	11000rpm	峰值转矩	240Nm
06632079	绝缘等级	H	冷却方式	水冷
	相数	3相	重量	55kg
	防护等级	IP67	工作制	S9
	出厂编号			
	永磁同步电机			

图 2-25　吉利帝豪驱动电机标识号标牌内容

1—企业标志；2—产品型号；3—供应商代码；4—零件号

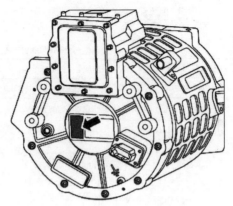

图 2-26 驱动电机标识号位置

二、车辆的使用

1. 车门解锁与闭锁

（1）车门钥匙使用

如图 2-27 所示，车门钥匙一般包括电子智能钥匙和机械钥匙两种。其中，智能钥匙包括电子智能钥匙和卡式智能钥匙，卡式智能钥匙为选配件。

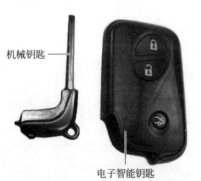

机械钥匙

电子智能钥匙

图 2-27 车门钥匙

① 电子智能钥匙。如图 2-28 所示，携带电子智能钥匙按车门外把手上黑色按钮微动开关可以解锁/闭锁所有车门，还可通过遥控钥匙上的按键实现车门解锁/闭锁、后备厢门解锁及寻车功能。

在下列情况下，按下微动开关按钮，将不进行解锁/闭锁。

a. 打开或关闭车门的同时。

b. 整车为启动状态时。

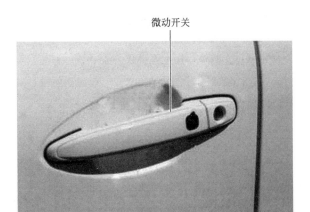

图 2-28　车门上的微动开关

c. 整车电源挡位处于"OK"挡时。

d. 进入功能激活区域探测不到钥匙时。

② 卡式智能钥匙（选配）。携带卡式智能钥匙可以通过按压左/右前门微动开关或后备厢门微动开关可以解锁/闭锁所有车门，还可以实现一键启动。

③ 机械钥匙（在电子智能钥匙和卡式智能钥匙内）。机械钥匙可实现驾驶员侧车门和后备厢门的解锁/闭锁。

钥匙的号码标示在号码牌上，建议车主记下钥匙号码，并将号码牌存放在安全的地方。如果钥匙丢失或需要备用钥匙，可以委托汽车授权服务店利用钥匙号码来复制钥匙。

（2）钥匙使用注意事项

① 勿将钥匙放置在高温处，例如仪表板上。

② 勿随意拆解钥匙。

③ 勿用钥匙用力敲击其他物体或使钥匙坠落。

④ 勿将钥匙浸入水中或超声波洗涤器中清洗。

⑤ 勿将智能钥匙与放射电磁波的装置放在一起。

⑥ 勿在智能钥匙上附加任何会切断电磁波的物体，例如金属密封件。

⑦ 可给同一辆车登记备用钥匙。有关详细说明，建议与汽车授权服务店联系。

⑧ 如果电子智能钥匙不能在正常距离内操作车门，或钥匙上的指示灯暗淡、不亮，可能有以下两种原因。

a. 附近可能有干扰电子智能钥匙正常操作的无线电台或机场的无线电发射器。

b. 电子智能钥匙的电池电量可能已耗尽。检查电子智能钥匙内的电池，如需更换，建议与汽车授权服务店联系。

⑨ 如果丢失电子智能钥匙，建议与汽车授权服务店联系。

2. 车辆启动

（1）正常启动方法

车辆启动、起步行驶前的步骤如图 2-29 所示。

①　②　③　④　⑤

图 2-29　车辆启动、起步行驶前的步骤

① 保持车钥匙在车内。

② 扣上安全带。

③ 踩下制动踏板。

④ 待启动/停止按钮灯从橙色变为绿色时，按下启动/停止开关使车辆启动。

⑤ 仪表板上"READY"灯点亮时，车辆进入可行驶状态。

⑥ 继续踩下制动踏板，如图 2-30 所示，换挡杆由 N 挡换至 D 挡，车辆则向前行驶；当换挡杆向前换至 R 挡，车辆则向后行驶。挡位为复位式，换挡后会自动弹回初始位置。

图 2-30　换挡杆

（2）应急启动方法

当制动开关失效时，可使用如下方法应急启动车辆。

① 牢固施加驻车制动。

② 关闭所有不需要的车灯和附件。

③ 将变速杆置于 P 挡或 N 挡。

④ 电源挡位置于"OFF"挡，携带有效智能钥匙，长按"POWER"按键，即可启动车辆。

⑤ 启动后需等待数秒，待"OK"灯亮后缓慢松开制动踏板，车辆即可起步行驶。

（3）无电模式启动车辆

无电模式，即智能钥匙电池电量耗尽状态，在这种情况启动车辆，应按下述方法进行。

① 踩下制动踏板并按下"POWER"按键，此时智能钥匙系统警告灯点亮，且车辆中有蜂鸣器响一声。

② 在蜂鸣器鸣响后的 30s 内，将卡式电子智能钥匙接近"POWER"按键，蜂鸣器会再次鸣响一声，提示可以启动车辆。

③ 在蜂鸣器鸣响后的 5s 内，按下"POWER"按键即可启动车辆。

④ 启动后需等待数秒，待"OK"灯亮后缓慢松开制动踏板，车辆即可起步行驶。

三、仪表信息识读

汽车的仪表主要用来为驾驶人提供所需的汽车运行参数信息，在仪表板上有各种指示表、指示灯及警告灯，辅助驾驶人观察和了解车辆及各系统的实时工作情况，并及时提示异常现象和故障，以便及时消除安全隐患。与传统燃油汽车相比，电动汽车的组合仪表减少了各种指针，而用纯液晶显示屏代替，在显示的内容上面，有行车信息显示区域、车速表、续航里程以及各种指示灯、警告灯等；电动汽车组合仪表的中间显示车速和行车信息，仪表的两侧取消了发动机转数和燃油表指针，换成了电机功率和剩余电量。

1. 电动汽车仪表符号含义

（1）电动汽车的仪表显示内容

电动汽车仪表和传统燃油车仪表的作用是一样的，但是其显示内容却有着很大的区别。电动汽车仪表的显示内容如图 2-31 所示。

电动汽车仪表符号的含义如表 2-8 所示［表中图号对应的是图 2-31(a)］。

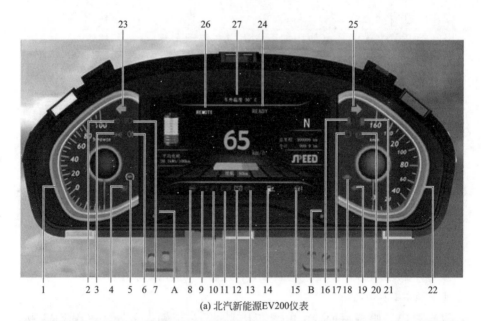

(a) 北汽新能源EV200仪表

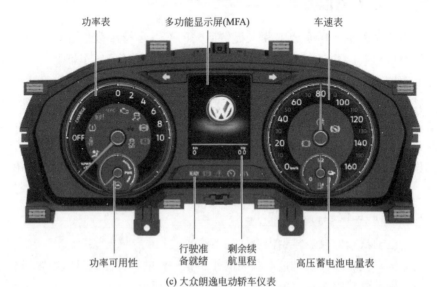

(b) 比亚迪e6仪表

功率表
多功能显示屏(MFA)
车速表

功率可用性
行驶准备就绪
剩余续航里程
高压蓄电池电量表

(c) 大众朗逸电动轿车仪表

图 2-31　电动汽车的仪表

表 2-8 电动汽车仪表符号的含义

图号	含义	图号	含义
1	驱动电机功率表	15	EPS 故障指示灯
2	前雾灯	16	安全带未系指示灯
3	示宽灯	17	制动故障指示灯
4	安全气囊指示灯	18	防盗指示灯
5	ABS 指示灯	19	充电线连接指示灯
6	后雾灯	20	驻车制动指示灯
7	远光灯	21	车门未关指示灯
8	跛行指示灯	22	车速表
9	低压蓄电池故障指示灯	23，25	左/右转向指示灯
10	电机及控制器过热指示灯	24	READY（准备）指示灯
11	动力蓄电池故障指示灯	26	REMOTE（远程）指示灯
12	动力蓄电池断开指示灯	27	车外温度显示
13	系统故障指示灯	A	行车电脑显示屏调节按钮
14	充电指示灯	B	

（2）仪表按钮功能

行车电脑显示屏调节按钮（仪表下端的两个按钮）A 和 B 的功能如表 2-9 所示。

表 2-9 行车电脑显示屏调节按钮 A 和 B 的功能

	当前显示模式	按钮按住时间/s	按钮放开后显示模式
按钮 A	平均电耗	$t<2$	保养里程
	保养里程	$t<2$	平均电耗
		$t>10$	保养里程复位至 10000km
按钮 B	车速	$t<2$	数字电压值
	数字电压值	$t<2$	数字电流值
	数字电流值	$t<2$	数字转速值
	数字转速值	$t<2$	瞬时电耗
	瞬时电耗	$t<2$	车速
	任意模式	$t>3$	小计清零
	充电模式	$t<2$	车辆充电信息

（3）仪表声音报警功能

电动汽车仪表除了显示图文信息外，通常还具有声音报警功能。电动汽车仪表声音报警功能与报警条件如表 2-10 所示。

表 2-10　电动汽车仪表声音报警功能与报警条件

功能	报警条件
通信故障	报警仪表与总线失去联系时,持续鸣叫
充电已满	当电量达到100％时且无充电故障,连续鸣叫10s
声音一	车辆有一级严重故障时,持续鸣叫
声音二	车辆有二级故障时,持续鸣叫20s
声音三	车辆有三级故障时,鸣叫一声
"READY"提示音	收到"READY"指示灯有效信号时,蜂鸣器简短鸣叫一声
R挡位有效提示音	蜂鸣器简短鸣叫一声
充电故障报警	充电发生故障时,连续鸣叫10s
充电提醒指示	电量低于30％时,充电提醒指示灯点亮,鸣叫一声

2. 电动汽车仪表上常见指示灯

电动汽车仪表上常见指示灯的名称如表 2-11 所示。

表 2-11　电动汽车仪表上常见指示灯的名称

指示灯图形	指示灯名称	颜色
◀	左转向指示灯	绿色
▶	右转向指示灯	绿色
≣D	远光指示灯	蓝色
≣D⫶	示廓灯指示灯	绿色
☼	灯光总开关指示灯	绿色
⫶D	前雾灯指示灯	绿色
D⫶	后雾灯指示灯	黄色
⫶D	前大灯调节指示灯	黄

续表

指示灯图形	指示灯名称	颜色
	驾驶人座椅安全带指示灯	红色
PASSENGER	前排乘员座椅安全带指示灯	红色
	安全气囊故障警告灯	红色
	智能钥匙系统警告灯	黄色
	防盗指示灯（外置）	红色
(ABS)	ABS故障警告灯	黄色
(P)	电子驻车状态指示灯	红色
(!)	驻车系统故障警告灯	红色
READY	车辆准备就绪指示灯	绿色
	跛行指示灯	红色
	系统故障警告灯	红色或黄色
N	挡位故障警告灯	红色
	动力电池充电连接指示灯	红色
	动力电池过热警告灯	红色
	动力电池故障警告灯	红色

续表

指示灯图形	指示灯名称	颜色
SET	定速巡航控制指示灯	绿色
	定速巡航主指示灯	绿色
	ESP 故障警告灯	黄色
OFF	ESP OFF 警告灯	黄色
	制动片磨损警告灯（预留）	黄色
	转向系统故障警告灯	红色
	胎压过低警告灯	黄色
	充电系统故障警告灯	红色
	主警告指示灯	黄色
	倒车雷达指示灯（预留）	绿色
发动机盖打开 左前 右前 左后 右后 后备箱打开	车门状态指示灯	红色
	车门未关状态指示灯	红色
ECO	经济模式指示灯	绿色
SPORT	运动模式指示灯	绿色
OK	OK 指示灯	绿色

续表

指示灯图形	指示灯名称	颜色
	动力系统故障警告灯	红色
	电机过热警告灯（预留）	红色
	电机冷却液温度过高警告灯	红色
	动力电池电量低警告灯	黄色

3. 仪表显示信息识读（以北汽新能源 EV200 为例）

（1）电压值

电压值指车辆动力蓄电池的电压值。图 2-32 中的 220V 表示动力蓄电池的电压值。

图 2-32　数字电压值信息

（2）车速

车速信息与机械表盘车速指示值相同，图 2-33 中的 65km/h 表示当前车辆行驶速度。

（3）电流值

电流值指示当前动力蓄电池充/放电的电流值，正值表示动力蓄电池正在放电，负值表示动力蓄电池正在自充电。图 2-34 中的 15A 表示当前车辆动力蓄电池的放电电流。

图 2-33　车速信息

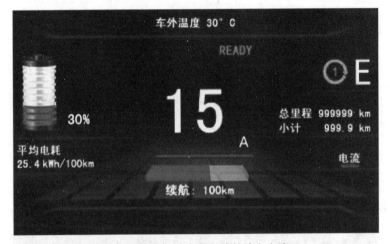

图 2-34　车辆动力蓄电池的放电电流

（4）驱动电机转速值

驱动电机转速值指示当前驱动电机的转速。图 2-35 中的 20 表示当前车辆驱动电机的转速为 $20 \times 100 \mathrm{r/min}$。

（5）瞬时电耗

瞬时电耗指示车辆行驶时的瞬时电耗强度，从中间至两侧电耗依次增强，如图 2-36 所示。

（6）电量表

图 2-37 所示为电量表，电量表共分为 10 格，每个格表示 10% 的电量。当电量剩余 3 格时显示为橙色；当电量仅剩 1 格时显示为红色，此时请尽快就近选择充电桩对车辆进行充电。

图 2-35　车辆驱动电机的转速

图 2-36　瞬时电耗

（7）续航里程

图 2-38 所示为续航里程，续航里程指示车辆当前电量可行驶的距离，仪表显示精度最小为 1km。

图 2-37　电量表

图 2-38　续航里程

当续航里程显示为"——"，且能量条消失，可能是以下原因造成的。

① 动力蓄电池剩余电量过低，此时应缓慢行驶，并尽快对车辆进行充电。

② 车辆刚打到 ON 挡时，此时车辆控制器开始计算续航里程，仪表会延

时几秒后显示当前续航里程。

⊞ 提示

    续航里程会受驾驶方式、天气、温度、行车环境等数据影响。

（8）挡位显示

    车辆挡位显示位于行车电脑液晶屏上，分别为 R、N、D、E 四个挡位，其中 E 挡表示车辆处于制动能量回收状态（图 2-39），此时挡位左侧会显示 ①/②/③，表示当前能量回收的强度，⟳OFF 表示此时制动能量回收功能已关闭。

图 2-39　挡位显示

（9）充电状态信息

① 充电状态显示。充电状态信息显示如图 2-40 所示。

图 2-40 中☀点亮，表示动力蓄电池正在进行加热，此时图 2-40 中动力

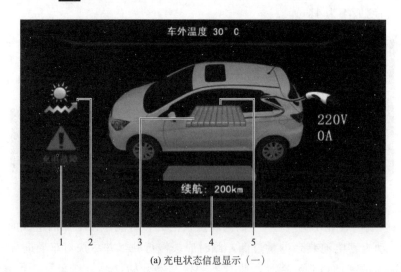

(a) 充电状态信息显示（一）

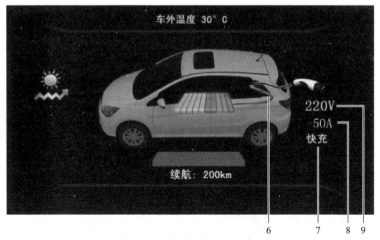

(b) 充电状态信息显示（二）

图 2-40 充电状态信息显示

1—充电故障指示灯；2,5—动力蓄电池正在加热；3—电量指示；4—续航里程；
6—充电动态电流显示；7—快慢充状态；8—充电电流；9—动力蓄电池电压

蓄电池外围会出现一层红色光晕。充电电流显示负值时，表示动力蓄电池正在充电；显示正值时，表示动力蓄电池正在放电。

车辆进入充电状态后，组合仪表的行车电脑显示屏自动点亮，显示当前充电信息，10s 后屏幕熄灭。若需要再次查看充电信息，可按下行车电脑显示屏的按钮 A/B 再次点亮正处于充电状态的车辆组合仪表，也可以按下遥控钥匙的闭锁键远程操控点亮行车电脑显示屏，行车电脑显示屏点亮 10s 后自动熄灭。

② 充电已满。动力蓄电池电量充满后，行车电脑显示屏自动点亮，蜂鸣器鸣叫，提示电量已充满，10s 后屏幕熄灭，如图 2-41 所示。

图 2-41 充电已满

③ 充电故障。充电过程中车辆出现故障，行车电脑显示屏自动点亮，充电故障指示灯点亮，蜂鸣器鸣叫，提示 10s 后熄灭，如图 2-42 所示。

图 2-42　充电故障

第三节　车辆充电

一、注意事项

① 选择在相对安全的环境下充电（如避免有液体、火源等）。

② 不要修改或拆卸充电端口和充电设备，否则可能导致充电故障，引起火灾。

③ 充电前应确认车辆充电口和充电连接器端口内没有水或杂物，金属端子没有生锈或腐蚀。

④ 如果在充电时发现车里散发出一种异常气味或烟雾，应立即停止充电。

⑤ 不要接触充电端口或充电连接器内的金属端子。

⑥ 当有闪电时，不要给车辆充电或触摸车辆。

⑦ 充电结束后，不要用湿手或站在水里去断开充电器，以免造成触电事故。

⑧ 车辆行驶前，应确保充电连接器从充电口断开。

⑨ 在车内使用任何医学设备之前，应与制造商确认充电是否影响设备的正常工作。

⑩ 不要等到电池电量耗尽时才充电，建议在电量降至警戒红格时立即进

行充电。

⑪ 家用交流充电（选配），应使用专门的线路。

⑫ 注意以下事项，以防止对充电设备造成破坏。

a. 不要在充电口盖打开的状态下关闭充电口舱门。

b. 不要用力拉或扭转充电电缆。

c. 不要使充电设备承受撞击。

d. 不要在温度高于50℃的环境下存放和使用充电设备。

e. 不要把充电设备放在靠近加热器或其他热源的地方。

⑬ 如果电网断电不超过24h，充电器会自动重新启动，不用重新连接充电器。

⑭ 充电时，车内不应该有人。

⑮ 充电时，整车电源挡位应处于"OFF"挡。

⑯ 充电时，后备厢内的高压配电箱处于工作状态，此时会发出几次继电器闭合的"咔嚓"声，属于正常现象。

⑰ 动力蓄电池充满电后，会自动停止充电。

⑱ 停止充电时，应先将充电柜或充电桩关闭，再断开充电器；家用交流充电时应先断开交流充电器，再断开插座端电源。

⑲ 启动车辆前应确保充电器已经断开，充电口盖和充电舱门已经关闭。

⑳ 当环境温度低于0℃时，充电时间要比正常时间长，充电能力较低，具体充电时间以仪表显示时间作为参考。

㉑ 如果车辆长时间不使用，为了延长动力蓄电池的使用寿命，每三个月对车辆充放电一次。

㉒ 为了方便使用，仪表上会提示预计充满电的时间。不同的温度、剩余电量、充电设施等情况下，充满电的时间可能有一定偏差，属于正常现象。

㉓ 如果充电口舱门因天气等原因被冻住，应使用热水或不高于80℃的加热装置将冰融化后再开启舱门。

二、充电说明

1. 充电方式

以比亚迪e6为例，电动汽车共有四种充电方式，即充电桩（图2-43）或壁挂式充电盒（图2-44）三相（单相）交流充电、家用单相交流充电（选装）、车辆之间相互充电（选装）和充电桩直流充电（选装）。

① 充电桩或壁挂式充电盒三相（单相）交流充电需要配备符合当地电网的充电器，支持三相208V/380V/400V/415V交流电或单相110V/220V/

240V 交流电，频率为 50Hz/60Hz。

图 2-43　充电桩充电方式　　　　　图 2-44　壁挂式充电盒

② 家用单相交流充电（选配）需使用随车配备的充电连接装置（三芯转七芯），将车辆与家用标准 220V、50Hz、10A 的单相两极带接地插座相连接，为车辆充电。

③ 车辆之间相互充电（选配）。比亚迪同种配置车辆之间可以利用该种充电方式相互充电。

④ 充电桩直流充电（选配），即利用直流充电桩对车辆充电。其输入电压为 DC 200～350V。

2. 充电模式

比亚迪 e6 有即时充电和预约充电两种充电模式。

① 即时充电（一般直接充电）：连接交流/直流充电连接器，充电设备开始充电。

② 预约充电：在充电过程中，由客户设置充电时间后进行充电。

三、充电操作

1. 通过交流充电枪在公共充电桩或壁挂式充电盒上进行交流充电

① 使整车电源挡位处于"OFF"挡。

② 解锁门锁开关，打开充电口舱门。

③ 打开交流充电口盖，如图 2-45 所示。

④ 拔下充电桩或壁挂式充电盒上的充电枪。

⑤ 将充电枪插入车上充电口，如图 2-46 所示，仪表点亮充电连接指示灯。

图 2-45 打开交流充电口盖

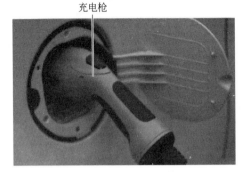

充电枪

图 2-46 插入充电枪

⑥ 充电桩或壁挂式充电盒设置（如刷卡）启动充电。

⑦ 停止充电。电池充满后，充电桩或壁挂式充电盒会自动结束充电或根据充电盒使用手册说明自行结束充电。

⑧ 断开车辆端充电连接器，整理好充电枪并妥善放置。

⑨ 关闭充电口盖和充电口舱门。

2. 家用交流充电（选配）

① 使整车电源挡位处于"OFF"挡。

② 解锁门锁开关，打开充电口舱门。

③ 打开交流充电口盖。

④ 先连接供电端三芯插头，控制盒点亮"READY"指示灯，同时"CHARGER"指示灯闪烁。

⑤ 将充电枪插入车上充电口，仪表点亮充电连接指示灯，开始充电。

⑥ 充电结束，先断开车辆端充电连接器，再断开充电插头，整理好充电装置并妥善放置。

⑦ 关闭充电口盖和充电口舱门。

3. 车辆对车辆充电（选配）

① 将相关的两辆车停放在安全区域，打开紧急警告灯。

② 使放电车辆电源挡位处于"OFF"挡。

③ 使需充电车辆电源挡位处于"OFF"挡，并使用驻车制动。

④ 放电车辆按下放电模式开关，选择"VTOV"放电模式。

⑤ 打开两辆车的充电口舱门和交流充电口盖。

⑥ 10min 内通过车辆对车辆放电连接装置将两车辆连接在一起，即启动充电。

⑦ 充电结束，对放电车辆设置结束"VTOV"放电模式，先断开放电车辆端插头，再断开需充电车辆插头，整理好充电连接装置并妥善放置。

⑧ 分别关闭两辆车的充电口盖和充电口舱门。

4. 直流充电

① 使整车电源挡位处于"OFF"挡。

② 解锁门锁开关，打开充电口舱门。

③ 打开直流充电口盖。

④ 拔下充电桩或壁挂式充电盒上的充电枪。

⑤ 将充电枪插入车上充电口，仪表点亮充电连接指示灯。

⑥ 充电桩或壁挂式充电盒设置（如刷卡）启动充电。

⑦ 停止充电。电池充满后，充电桩或壁挂式充电盒会自动结束充电或根据充电盒使用手册说明自行结束充电。

⑧ 断开车辆端充电连接器，整理好充电枪并妥善放置。

⑨ 关闭充电口盖和充电口舱门。

第三章

动力蓄电池与管理系统

第一节　动力蓄电池基础知识

一、动力蓄电池功能与类型

1. 动力蓄电池的功能

动力蓄电池一方面为电动汽车的驱动电机提供电能，电机将电源的电能转化为机械能，通过传动装置驱动或直接驱动车轮工作；另一方面为汽车其他电力设备提供必要的电能。动力蓄电池实物如图 3-1 所示。

图 3-1　动力蓄电池

2. 对动力蓄电池的要求

电动汽车所需要的理想动力蓄电池应该满足以下要求。

① 持续稳定的大电流放电，能够使汽车保持一定的行驶速度。

② 有短暂大电流放电的能力，保证汽车在加速、上坡时有足够的动力。

③ 能一次性提供足够的能源，保证汽车有一定的续航里程。

3. 动力蓄电池的类型

动力蓄电池一般有物理电池、生物电池和化学电池三大类。

① 物理电池是指利用物理原理制成的电池，其特点是能在常温常压条件下进行能量转换，如太阳能电池、核能电池和温差电池。

② 生物电池是利用生物酶、微生物或叶绿素做成的电池，如微生物电池、生物太阳能电池。

③ 化学电池是一种直接把化学能转换为电能的电池。目前世界上研发的电动汽车电池最成功的就是化学电池。化学电池因电解质、正负极材料和功能的不同可分为三大类，而这三大类又可具体细分为很多小类，如图 3-2 所示。

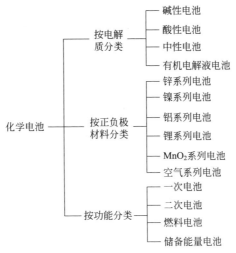

图 3-2 化学电池的类型

电动汽车中应用较多的是碱性电池。碱性电池也称为碱性干电池、碱性锌锰电池、碱锰电池，是锌锰电池系列中性能最优的品种之一。适合电动汽车用的动力碱性电池为可充电电池，是以氢氧化钾（KOH）水溶液为电解液的二次电池的总称。

根据极板活性物质材料的不同，碱性电池可分为锌银蓄电池、铁镍蓄电池、镍镉蓄电池和镍氢蓄电池等。一般情况下，电解液中的 KOH 不直接参与电极反应，这是碱性蓄电池有别于铅酸蓄电池的一大特点。相对于铅酸蓄电池，碱性电池具有能量密度高、机械强度高、工作电压平稳、功率密度大的特点，是产业化生产的电动汽车用动力电池的主体，也是至今量产的电动汽车中应用量最大的电池种类之一。

4. 化学电池基本结构

如图 3-3 所示，化学电池一般由电极（正极、负极）、电解质、隔膜（图中未画出）和容器（外壳）四部分组成。电极是电池的核心部分，一般由活性物质和导电骨架组成。所谓活性物质，是指能够通过化学变化释放出电能的物质，如铅酸蓄电池负极板上的铅为活性物质，燃料电池质子交换膜上的氢为活性物质。导电骨架主要起传导电子和支撑活性物质的作用。单个电池或电池组上常标有"＋""－"符号，表示电池的正极端和负极端，便于使用者分辨，以免在和外电路接线时接错。

电解质通常为固体或液体。液体电解质常称为电解液，一般是酸、碱、盐的水溶液。固体电解质一般为盐类，由固体电解质组成的电池称为干电池。

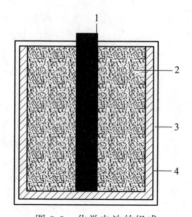

图 3-3　化学电池的组成
1—正极；2—电解质；3—外壳；4—负极

二、动力蓄电池的性能指标

1. 电压（V）

① 电动势：电池正极和负极之间的电位差，通常用符号 E 表示。

② 开路电压：电池在开路时的端电压，一般开路电压与电池的电动势近似相等。

③ 额定电压：电池在标准规定条件下工作时应达到的电压。

④ 工作电压（负载电压、放电电压）：在电池两端接上负载后，在放电过程中显示出的电压。

⑤ 终止电压：电池在一定标准所规定的放电条件下放电时，电池的电压将逐渐降低，当电池不宜再继续放电时，电池的最低工作电压称为终止电压。

放电曲线是指在一定的放电条件下连续放电时，电池的工作电压随时间的变化曲线，如图 3-4 所示为不同电流情况下的放电曲线。在曲线图上可以表征出电池放电过程的变化情况，同时也可通过放电曲线计算出放电时间和放电容量。放电时率（以放电时间表示的放电速率）小者，其工作电压下降速度快，终止电压低，放电时间短，影响电池的实际使用效果。工作电压下降速度慢，往往能输出较多的能量。工作电压的变化速度有时也称作"放电曲线的平稳度"。

2. 电池容量（A·h）

① 理论容量：根据蓄电池活性物质的特性，按法拉第定律计算出的电池

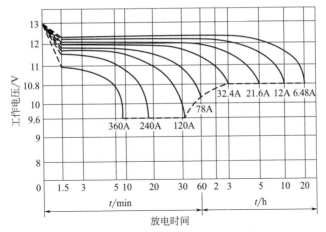

图 3-4　不同电流情况下的放电曲线

容量的最高理论值，一般用质量容量（A·h/kg）或体积容量（A·h/L）来表示。

② 实际容量：在一定条件下所能输出的电量，等于放电电流与放电时间的乘积。

③ 标称容量（公称容量）：用来鉴别电池适当的近似容量，由于没有指定放电条件，故只标明电池的容量范围，而没有确切值。

④ 额定容量（保证容量）：按一定标准所规定的放电条件，电池应该放出的最低限度的容量。

⑤ 荷电状态（SOC）：荷电状态是指电池容量的变化，是电池在一定放电倍率下，剩余电量与相同条件下额定容量的比值。SOC＝1 表示电池为充满状态。随着蓄电池放电，蓄电池的电荷逐渐减少，此时可以用 SOC 的百分数的相对量来表示蓄电池中电荷的变化状态。一般蓄电池放电高效率区 SOC＝50%～80%。精确地实时辨识 SOC，是电池管理系统的一项关键技术。

⑥ 放电深度（DOD）：放电容量与额定容量的百分比。DOD 与 SOC 之间存在如下关系：

$$DOD = 1 - SOC$$

放电深度的高低对二次电池的使用寿命有很大影响。一般情况下，二次电池常用的放电深度越高，其使用寿命就越短，因此，在电池使用过程中应尽量避免二次电池深度放电。

3. 功率（W、kW）

在一定的放电制度（放电条件）下，电池在单位时间内所输出的能量称为电池的功率。电池的功率决定电动汽车的加速性能。电池的功率常用比功率和功率密度来表示。

① 比功率（W/kg）：指单位质量电池所能发出的电功率。

② 功率密度（W/L）：指单位体积电池所能发出的电功率。

4. 能量（W·h、 kW·h）

电池的能量决定电动汽车的行驶距离，具体有以下指标。

① 标称能量：在标准规定放电条件下，电池所能够输出的能量。电池的标称能量是电池的额定容量与额定电压的乘积。

② 实际能量：在一定条件下电池所能输出的能量。电池的实际能量是电池的实际容量与平均工作电压的乘积。

③ 比能量（W·h/kg）：指单位质量电池所能输出的能量。电池的质量是电池本身结构件质量和电解质质量的总和。

④ 能量密度（W·h/L）：指单位体积电池所能输出的能量。

动力电池在电动汽车的应用过程中，由于电池组安装需要配备电池箱、连接线、电流电压保护装置等部件，故实际的电池组比能量相比电池比能量低20%以上。

5. 内阻

电流通过电池内部时受到阻力，使电池的电压降低，此阻力称为电池的内阻。由于电池的内阻作用，使得电池在放电时端电压低于电动势和开路电压，在充电时端电压高于电动势和开路电压。

6. 寿命

蓄电池的工作是一个不断充电、放电的循环过程，按一定的标准规定放电，当电池的容量降低到某一个规定值时，就要停止继续放电，需要充电才能继续使用。在每一个循环中，电池中的化学活性物质，都要发生一次可逆性的化学反应。随着充电和放电次数的增加，电池中的化学活性物质会发生老化变质，其化学功能逐渐削弱，使得电池充电和放电的效率逐渐降低，最后电池丧失全部功能而报废。

电池的寿命即从开始使用到报废所经历的时间，常用循环次数和使用年限来表示。

① 循环次数：从蓄电池第一次充电到报废时所经历的充/放电次数称为循环次数，也称为循环寿命。蓄电池的循环次数与电池充电和放电的形式、电池的温度和放电深度有关（放电深度低时，有利于延长电池的寿命），特别是电池在电动汽车上的使用环境，包括电池组中各个电池的均衡性、安装与固定方式、所受的振动和线路的安装等，都会影响电池的工作循环次数。

② 使用年限：从蓄电池开始使用到报废所经历的年数。

7. 放电率（放电速率）

电池放电的快慢称为放电率。放电率有时率和倍率两种表示方法。

① 时率（也称小时率）：电池以某种强度放电直到电池的电压降低到终止电压时所经过的放电时间。

② 倍率：电池以某种强度放电的电流数值与额定容量电流值的比值（倍数）。

当放电电流大于或等于额定容量的数值时，该放电电流值用倍率表示；若放电电流小于额定容量数值，则该放电电流值用时率表示。蓄电池的额定容量常用符号 C 来表示，即放电率通过在 C 前加系数表示。例如，2 倍率，即 $2C$，其放电电流值为额定容量电流值的 2 倍，而额定容量约 0.5h 放完；2 时率，即 $0.5C$，其放电电流值为额定容量电流值的 1/2，而额定容量约 2h 放完。

8. 自放电率

自放电率指电池在存放时间内，在没有负载的条件下自身放电，使得电池容量损失的速度。自放电率用单位时间（月或年）内电池容量下降的百分数来表示。

9. 成本

电池的成本与电池的技术含量、材料、制作方法和生产规模有关，目前新开发的高比能量的电池成本较高，使得电动汽车的造价也较高，开发和研制高效、低成本的电池是电动汽车发展的关键。图 3-5 所示为电动汽车生产成本

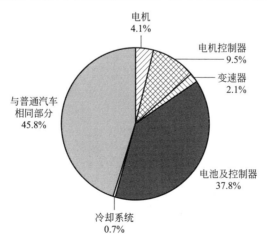

图 3-5　电动汽车生产成本构成

构成。

除上述主要性能指标外，还要求电池无毒性，对周围环境不会造成污染或腐蚀，使用安全，有良好的充电性能且充电操作方便，耐振动，无记忆性，对环境温度变化不敏感，易于调整和维护等。

电池记忆效应是指电池长期不彻底充电、放电，易在电池内留下痕迹，即电池对日常的充电、放电幅度形成记忆，日久就很难改变这种模式，不能再做大幅度充电或放电，从而使电池的容量降低的现象。

目前电池技术的瓶颈在于如何制造出容量大（满电可以连续行驶 400km 以上）、体积小、重量轻、价格低的电池，以及如何实现快速充电。

三、镍镉 (Ni-Cd)电池

镍镉电池是以羟基氢氧化镍为正极，金属镉为负极，水溶性氢氧化钾溶液为电解质的蓄电池。

1. 工作原理

在镍镉电池充电和放电的化学反应过程中，电解液基本上不会被消耗。为了提高寿命和改善高温性能，通常在电解液中加入氧化锂。镍镉电池的化学反应方程式：

$$Cd + NiO_2 + 2H_2O \underset{充电}{\overset{放电}{\rightleftharpoons}} Cd(OH)_2 + Ni(OH)_2$$

2. 构造

镍镉电池的每个单体电池都是由正极板、负极板和装在正极板与负极板之间的隔板组成的，如图 3-6 所示。将单体电池按不同的组合装在不同塑料外壳中，可得到所需的不同电压和不同容量的镍镉电池总成（电池组）。市场上有多种不同规格型号的镍镉电池总成可供选择，在灌装电解液并经过充电后，就可以从电池的接线柱上引出电流。

3. 特点及应用

（1）特点

镍镉电池的工作电压较低，单体电池的标称电压为 1.2V，比能量为 55W·h/kg，比功率可以超过 225W/kg，循环使用寿命 2000 次以上；可以进行快速充电，充电 15min 可恢复 50% 的电量，充电 1h 可恢复 100% 的电量，但一般情况下完全充电需要 6h；深放电达 100%，自放电率低于 0.5%/天；可以在 −40～80℃ 的环境温度条件下正常工作。

镍镉电池的成本为铅酸蓄电池的 4～5 倍，初始购置费用较高，但镍镉电池的比能量和循环使用寿命都大大高于铅酸蓄电池，因此，在电动汽车实际使

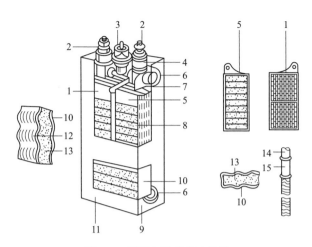

图 3-6　镍镉电池的基本构造

1—正极板；2—接线柱；3—加液口盖；4—绝缘导套；5—负极板；6—吊架；7—单体
电池连接条；8—极板骨架；9—绝缘层；10—镀镍薄钢板；11—壳体；
12—通孔；13—活性物质；14—正极板导管；15—氢氧化镍

用时，总的费用不会超过铅酸蓄电池的费用。

镍镉电池有记忆效应，例如镍镉电池长期只放出 80％ 的电量后就开始充电，一段时间电池充满电后也只能放出 80％ 的电量。

镍镉电池中采用的镉（Cd）是一种有害的重金属，在电池报废后必须进行有效回收。

（2）应用

由于镍镉电池使用性能比铅酸蓄电池好，因此在混合动力汽车上得到广泛使用。克莱斯勒公司的 TE 面包车、标致 106 型混合动力汽车、雪铁龙 AX-EV 以及日本本田汽车公司、日产汽车公司等生产的混合动力汽车上都采用了镍镉电池。

四、镍氢（Ni-MH)电池

以镍化合物（通常为氢氧化镍）为正极板活性材料，以储氢合金为负极板材料（活性物质为氢），以水溶性氢氧化钾和氢氧化锂的混合物为电解质的电池称为镍氢电池。

1. 构造

镍氢电池的正极是球状氢氧化镍 $[Ni(OH)_2]$ 粉末、添加剂钴（Co）等金属、树脂和黏合剂等制成的涂膏，用自动涂膏机涂在正极板上，然后经过干燥处理制成的发泡的氢氧化镍正极板。在正极材料 $Ni(OH)_2$ 中添加 Ca、Co、

Zn 或稀土元素，对稳定电极的性能有明显的改进。采用高分子材料作为黏合剂或挤压和轧制而成的泡沫镍电极，并采用镍粉、石墨等作为导电剂时，可以提高大电流时的放电性能。

镍氢电池负极的关键技术是储氢合金，要求储氢合金能够稳定地经受反复储气和放气的循环。储氢合金是一种允许氢原子进入或分离的多金属合金的晶格基块。用钛、钒、锆、镍、铬（Ti-V-Zr-Ni-Cr）五种基本元素，并与钴（Co）、锰（Mn）等金属元素烧结的合金，经过加氢、粉碎、成形和烧结形成负极板。储氢合金的种类和性能，对镍氢电池的性能有直接的影响。负极在充电或放电过程中既不溶解，也不再结晶，电极不会有结构性的变化，在保持自身化学功能的同时，还保证本身的机械坚固性。储氢合金一般需要进行热处理和表面处理，以增加储氢合金的防腐性能，这有利于提高镍氢电池的比能量、比功率和使用寿命。

镍氢电池的基本单元是单体电池，每个单体电池都由正极板、负极板以及装在正极板和负极板之间的隔板组成，其外形有圆形和方形两种，如图 3-7 所示。每节单体电池的额定电压为 13.2V（充电时最大电压为 16.0V），然后将单体电池按使用要求组合成不同电压和不同容量的镍氢电池总成（电池组或电池盒），如图 3-8 所示。镍氢电池比能量达到 70W·h/kg；能量密度达到 165W·h/L；比功率在 50% 的放电深度下为 220W/kg，在 80% 的放电深度下为 200W/kg。镍氢电池可以大幅提高电动汽车的动力性能。

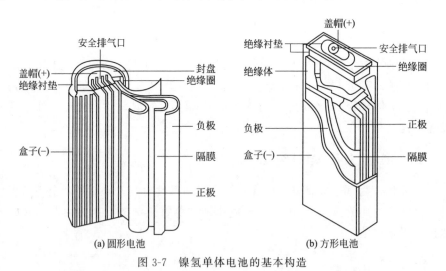

(a) 圆形电池　　　　　　　　(b) 方形电池

图 3-7　镍氢单体电池的基本构造

2. 工作原理

如图 3-9 所示，电池充电时，水在电解质溶液中分解为氢离子（H^+）和

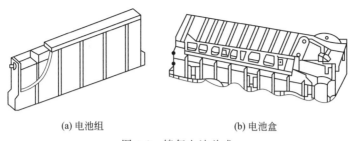

(a) 电池组　　　　　　　　(b) 电池盒

图 3-8　镍氢电池总成

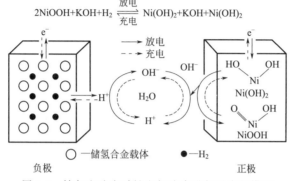

图 3-9　镍氢电池在碱性电解液中进行反应的模型

氢氧根离子（OH^-），H^+ 被负极吸收，负极从金属转化为金属氢化物（吸附氢）；OH^- 被正极吸收，氢氧化镍转化为氢氧化亚镍。在放电过程中，H^+ 离开了负极，OH^- 离开了正极，H^+ 和 OH^- 在电解质氢氧化钾中结合成水并释放电能。

3. 特点及应用

（1）特点

与铅酸蓄电池相比，镍氢电池具有以下特点。

① 比功率高。镍氢电池比功率可达到 200W/kg，是铅酸蓄电池的 2 倍，能够提高车辆的启动性能和加速性能。目前商业化的镍氢功率型电池比功率已经达到 1350W/kg。

② 比能量高。镍氢电池的标称电压为 1.2V，比能量可达到 70～80W·h/kg，有利于延长电动汽车的续航里程。

③ 寿命长。80% 的放电深度下，镍氢电池的循环寿命可达到 1000 次（或 10 年）以上，是铅酸蓄电池的 3 倍；100% 放电深度下，其循环寿命也在 500 次以上，在混合动力汽车中可使用 5 年以上。

④ 无重金属污染。镍氢电池中没有 Pb 和 Cd 等重金属元素，不会对环境

造成污染。

⑤ 耐过充电、过放电。镍氢电池有高倍率的放电特性，短时间内可以以 $3C$ 放电，瞬时脉冲放电率很大。镍氢电池的耐过充电和过放电性能好。

⑥ 可以快速充电。镍氢电池在 15min 内可充 60% 的电量，1h 内可以完全充满，应急补充充电的时间短。

⑦ 无记忆效应。故镍氢电池可以随充随放。

⑧ 使用温度范围宽。镍氢电池正常使用温度范围为 $-30\sim55℃$；存储温度范围为 $-40\sim70℃$。

⑨ 安全可靠。对镍氢电池进行短路、挤压、针刺、安全阀工作能力、跌落、加热、耐振动等安全性和可靠性试验，无爆炸、燃烧现象。采用全封闭外壳，可以在真空环境中正常工作。

（2）应用

汽车动力电池组经常处于充电、放电状态，而且充电、放电是不规则进行的，这对电池的寿命带来严重的影响。松下电池公司用模拟混合动力汽车行驶工况对镍氢电池进行仿真试验，证实镍氢电池的特性几乎不发生变化，镍氢电池用于混合动力汽车是比较合适的。

五、锂电池

以锂化合物为正极板活性材料，以石墨等为负极板材料，以无水有机物为电解质的电池称为锂离子蓄电池，简称锂电池。

锂电池自 20 世纪 90 年代面世以来，就以其能量密度高、循环寿命长、无记忆效应、环保性好等优点成为动力电池应用领域研究的热点。目前，锂电池已经成为电动汽车用动力电池的主体。

根据锂电池所用电解质材料不同，锂电池可分为液态锂电池（LIB）和聚合物锂电池（LIP）两大类。上述两种锂电池的正负极材料是相同的，基本原理也相似。

锂电池的正极材料有很多种，主要有钴酸锂、锰酸锂、镍酸锂、三元材料（镍、钴、锰）、磷酸铁锂等，相应的名称为钴锂电池、锰锂电池等，以三元材料为正极的电池则称为三元锂电池。

1. 结构原理

以磷酸铁锂电池（$LiFePO_4$）为例，磷酸铁锂动力电池在 2002 年出现，在电动汽车产业中却运用了很长时间，所以目前社会上很多电动汽车装用该种电池。磷酸铁锂电池有以下特点。

① 高效率输出。标准放电时放电率为（$2\sim5$）C，连续高电流放电时放

电率可达 10C，瞬间脉冲放电（10s）时放电率可达 20C。

② 高温时性能良好。外部温度 65℃时内部温度则高达 95℃，电池放电结束时温度可达 160℃。

③ 电池的安全性好。即使电池内部或外部受到伤害，电池也不燃烧、不爆炸。

④ 经 500 次循环，其放电容量仍大于 95%。

磷酸铁锂电池的结构和工作原理如图 3-10 所示。$LiFePO_4$ 作为电池的正极，由铝箔与电池正极连接；中间是聚合物的隔膜，它把正极与负极隔开，锂离子（Li^+）可以通过，而电子（e^-）不能通过；负极材料为石墨，由铜箔与电池的负极连接。电池的上下端之间是电池的电解质，电池由金属外壳密闭封装。磷酸铁锂电池在充电时，正极中的 Li^+ 通过聚合物隔膜向负极迁移；在放电过程中，负极中的 Li^+ 通过隔膜向正极迁移。锂电池就是因锂离子在充/放电时来回迁移而命名的。

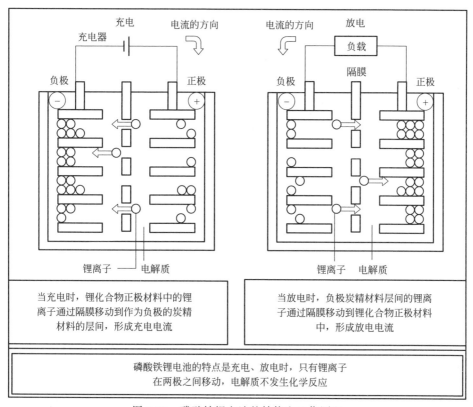

图 3-10　磷酸铁锂电池的结构和工作原理

锂电池内部主要由正极、负极、电解质及隔膜组成，正负极和电解质材料的不同及工艺上的差异使电池有不同的性能，尤其是正极材料对电池的性能影响最大。

锂电池有方形和圆柱形两种，如图 3-11 和图 3-12 所示。

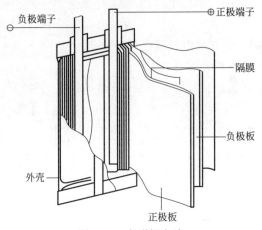

图 3-11　方形锂电池

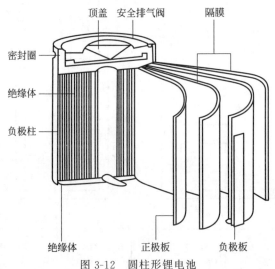

图 3-12　圆柱形锂电池

液态锂电池的负极材料采用碳材料，主要有石墨、微珠碳、石油焦、碳纤维、裂解聚合物和裂解碳等；正极材料主要有 $LiCoO_2$、$LiNiO_2$、$LiMn_2O_4$ 等，其中 $LiCoO_2$ 应用较为广泛，其可逆性、放电容量、充/放电率、电压稳定性等性能均很好；电解质为液态，其溶剂为无水有机物；隔膜采用聚烯多微孔膜，如 PE、PP 或复合膜；外壳采用钢或铝材料，盖体组件具有防焊断电的功能。

聚合物锂电池又称为高分子锂电池，属第二代锂电池。聚合物锂电池由多层薄膜组成，第一层为金属箔集电极，第二层为负极，第三层为固体电解质，第四层为正极，第五层为绝缘层。负极采用高分子导电材料、聚乙炔、人造石墨、聚苯胺或聚对苯酚等。正极采用 $LiCoO_2$、$LiNiO_2$、$LiMn_2O_4$ 和 $Li(CFSO_2)_2$ 等，电解质为胶体电解质，如 $LiPF_6$、有机碳酸酯混合物等。

2. 特点及应用

（1）特点

① 优点。

a. 工作电压高。锂电池单体电池工作电压为 3.6V，是镍镉电池、镍氢电池的 3 倍，是铅酸蓄电池的近 2 倍。

b. 比能量高。比能量高达 150W·h/kg，是镍氢电池的 2 倍，是铅酸蓄电池的 3～4 倍，因此重量是相同能量的铅酸蓄电池的 1/4～1/3。体积小，能量密度高达到 400W·h/L，体积是铅酸蓄电池的 1/3～1/2。

c. 循环寿命长。循环次数可达 1000 次（10 年以上或 20 万千米）。以容量保持 60％计，电池组 100％充/放电循环次数可以达到 600 次以上，使用年限可达 3～5 年，寿命为铅酸蓄电池的 2～3 倍。

d. 自放电率低。锂电池每月自放电仅为 6％～8％，远低于其他类型的动力电池。

e. 无记忆效应。锂电池可以随时充电。

f. 无污染。锂电池中不存在有毒物质，因此被称为"绿色电池"。

g. 重量轻。锂电池提供了更合理的结构和更美观的外形设计条件、设计空间。

② 缺点。

a. 成本高。锂电池主要是正极材料的价格高，但按单位能量的价格来计算，只高于铅酸蓄电池。

b. 锂电池必须有特殊的保护电路，以防止过充。

（2）应用

目前，全球汽车制造商应用的锂动力电池主要有三大代表种类，即以特斯拉为代表的镍钴铝酸锂电池（钴酸锂电池）、以比亚迪为代表的磷酸铁锂电池和以日本汽车为代表的锰酸锂电池。如日产的 Leaf 即采用 48 个电池单元组成的层叠式紧凑型锂电池组，提供超过 90kW 的输出功率。另外，三菱的 i-MiEV、雪佛兰 Volt 等电动汽车均采用锂电池。图 3-13 所示为奔驰 S400 Hybrid 车型应用的锂电池。

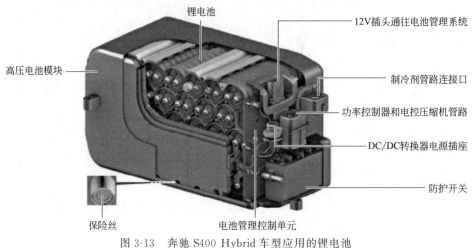

图 3-13   奔驰 S400 Hybrid 车型应用的锂电池

第二节　动力蓄电池管理系统

一、动力蓄电池存在的问题

1. 大容量单体电池容易产生过热

单体电池有一定的温度耐受范围，在实际应用中如果体积过大，会产生局部过热，从而影响电池的安全和性能。因此，单体电池的容量、体积大小受到限制。在苛刻的使用环境下，110mm×110mm×25mm 的 20A·h 锂电池，局部最高温度为 135℃；而 110mm×220mm×25mm 的 50A·h 锂电池，局部温度高达 188℃，更容易发生安全问题，所以有必要监测和控制温度。

2. 电池的性能不完全一致

基于现有的极板材料和电池制造水平，单体电池之间尚不能达到性能的完全一致，在通过串并联方式组成大功率、大容量动力电池组后，苛刻的使用条件也易诱发局部偏差，从而引发安全问题。电池性能在生产和使用过程中的不一致情况见表 3-1。

表 3-1   电池性能在生产和使用过程中的不一致情况

生产过程	使用过程	造成的差异
生产工艺、材质有差异	长时间使用，材质老化不同步	电压、内阻、容量

生产过程	使用过程	造成的差异
生产的批次不同		容量、内阻
个别电池内部短路	电池自放电	电流、内阻
	电池组内不同区域温度不同	电压、内阻、电流承受能力
	串并联充/放电工作电流	电压分布不均匀
	系统局部漏电	SOC(荷电状态)变化不同

3. 电池成组后的主要问题

（1）过充电/过放电

串联的电池组充/放电时，部分电池可能先于其他电池充满或放完，继续充/放电就会造成过充电或过放电。电池的内部副反应将导致电池容量下降、热失控或者内部短路等问题。

（2）过大电流

并联、老化、低温等情况，均会导致部分电池的电流超过其承受能力，降低电池的寿命。

（3）温度过高

局部温度过高，会使电池的各项性能下降，最终导致内部短路和热失控，产生安全问题。

（4）短路或者漏电

因为振动、湿热、灰尘等因素造成电池短路或漏电，威胁驾乘人员的人身安全。

二、动力蓄电池管理系统的功能

电池管理系统（battery management system，BMS）的功能之一就在于避免电池组出现上述问题。该系统可以动态监测动力电池组的工作状态，实时采集每块电池的端电压和温度、充/放电电流及电池组总电压，估算出各电池的荷电状态（state of charge，SOC）、安全状态（state of health，SOH）和能量状态（state of energy，SOE），然后通过控制相关部件，防止电池发生过充电或过放电现象，同时能够及时给出电池状况，找出有故障电池所在箱号和箱内位号，挑选出有问题的电池，保持整组电池运行的可靠性和高效性。

此外，BMS还需要设定面向用户端的显示，将估算的剩余电量换算成可行驶里程，同时，还需要有自动报警和故障诊断功能，方便驾驶员操作和处理。因此，BMS任务可归纳如下：数据采集电路首先采集电池状态信息数据，再由电子控制单元（ECU）进行数据处理和分析，然后根据分析结果对系统内的相关功能模块发出控制指令，并向外界传递信息。

BMS 包含多个处理模块：数据采集模块，SOC 估算模块，电气控制模块，安全管控模块，热管理模块，数据通信和显示模块等。BMS 的主要任务、输入信号和执行元件见表 3-2。

表 3-2　BMS 的主要任务、输入信号和执行元件

BMS 的主要任务	输入信号	执行元件
防止过充	电池电压、电流、温度	充电机
避免过放电	电池电压、电流、温度	电机功率转换器
温度控制	电池温度	冷热空调(风扇等)
电池组件电压和温度的平衡	电池电压和温度	平衡装置
预测电池的 SOC 和剩余行驶里程	电池电压、电流、温度	显示装置

充电站对储能装置的要求是大容量、长寿命、快速响应、可涓流充电，因此对 BMS 的要求方面有所不同，但总体功能仍与动力电池 BMS 类似，起到监控电池 SOC 和 SOH 状态、动态充/放电、智能管理和输出控制等功能。

三、动力蓄电池管理系统的结构

动力蓄电池管理系统最基本的作用是进行电池组管理，还包括电线线路管理、热（温度）管理和电压平衡控制。图 3-14 所示为 BMS 结构框图。

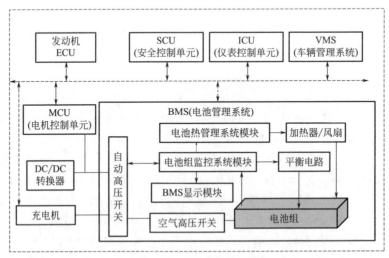

图 3-14　BMS 结构框图

1. 电池组管理系统

电池组管理系统主要用来管理电池的工作情况，避免出现过放电、过充

电、过热，对出现的故障应能及时报警，以便最大限度地利用电池的存储能力和循环寿命。电池组管理系统的功能包括电池组电压测试、电池组电流测试、电池组和单体电池的温度测试、SOC 计算及显示、电池组剩余电量显示、车辆在线可行驶里程显示、自动诊断系统和报警、安全防护。

2. 电线线路管理系统

电线线路管理系统包括动力电池组分组及连接、动力电线束、手动或自动断电器、传感器的类型、传感器线束。

3. 热（温度）管理系统

管理电池组组合方式、分组及布置，温度管理 ECU 通过温度传感器输入信号，控制冷却风扇，以实现通风与热能的管理与应用。

4. 电压平衡控制系统

电压平衡控制系统可平衡各电池的充电量，延长电池寿命，并对更换后的新电池进行容量平衡。

四、动力蓄电池管理系统的组成

电池管理系统的基本组成如图 3-15 所示。带有温度测量装置的电池管理系统的基本组成如图 3-16 所示。它利用损坏的电池在充电过程中电池的温度高于正常电池温度的原理，用温度传感器来测定和监控每一个电池在充电过程中的温度是否在允许的正常范围内。如果温度传感器发现某个电池的温度变为不正常状态，剩余电量显示也不正常时，即刻向电池管理系统反馈这个电池的相应信息，并由故障诊断系统预报动力电池组的故障。

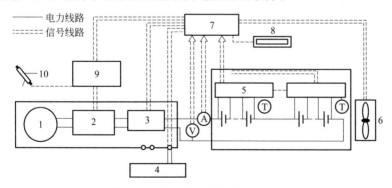

图 3-15　电池管理系统的基本组成

1—逆变器；2—主控盒；3—继电器箱；4—充电机；5—动力电池组；

6—冷却风扇；7—电池管理系统；8—剩余电量 SOC（里程）显示器；

9—车辆中央控制器；10—驾驶员控制信号输入端

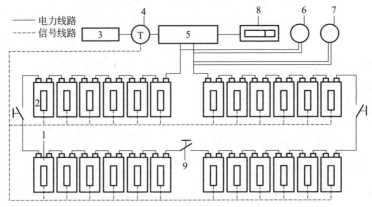

图 3-16 带有温度测量装置的电池管理系统的基本组成

1—分电池组；2—温度传感器；3—故障诊断器；4—温度表；5—电池管理系统；6—电压表；

7—电流表；8—剩余电量 SOC（里程）显示器；9—断路线

五、动力蓄电池管理系统的管理内容

电池管理系统主要执行以下工作：电压、电流与温度测量；计算电池 SOC；计算电池 DOD（放电深度）；计算最大允许放电电流；计算最大允许充电电流；预测蓄电池寿命指数和 SOH；故障诊断。

1. 蓄电池测量和监控

电池管理系统测量与监控功能主要包括以下方面（其中 SOC 是最重要的一个指标）。

（1）电池的技术性能

不同类型、不同型号和不同使用程度的电池具有不同的性能，包括电池的容量、工作电压、终止电压、质量、外形尺寸和电池特性（包括记忆特性）等，因此，要对动力电池组建立技术档案。实际上，即使是同一型号、同一批量的电池，彼此之间由于制造原因、电解质的浓度差异和使用情况的不同，都会对整个动力电池组的性能带来影响，因此，在安装电池组之前，应对各个电池进行认真的检测，将性能差异不大的电池组成动力电池组。

（2）电池状态的管理

电动汽车的动力电池组由多个单体电池组成，其基本状态包括充电和放电双向作业时的电压、电流、温度、SOC 等。在正常情况下，动力电池组的电压、电流、温度、SOC 等应能够进行双向计量和显示。

由于多种原因在动力电池组中有个别电池会出现性能的改变，使得动力电池组在充电时电能不够充足，而在放电时很快地将电能放尽。这就要求电池管理系统应能够及时自动检测各个单体电池的状态，当检测出某单体电池出现损坏状态时能及时进行报警，以便将"坏"电池剔除、更换。

（3）动力电池组的组合管理

动力电池组需要 8～32 节 12V 的单体电池串联起来（指铅酸蓄电池）或更多单体（指其他电池）串联而成。为了能够分别安装在电动汽车的不同位置处，通常动力电池组上分为多个小的电池组，各小电池组分散地进行布置，这样有利于电池组的机械化安装、拆卸和检修。

如果发现某个电池的温度处于不正常状态，SOC 显示也不正常时，电池组即刻向电池组管理系统反馈某个电池在线的响应信息，并由故障诊断系统预报动力电池组的故障。

2. 动力电池组的安全管理

电池组管理系统要承担动力电池组的全面管理，一方面保证动力电池组的正常运作，显示动力电池组的动态响应并及时报警，使驾驶员随时都能掌握动力电池组的情况；另一方面要对人身和车辆进行安全保护，避免因电池引起的各种事故。

电池与电池、电池组与电池组之间需要用高压电缆连接。当动力电池组的总电压较高或采用高压直流输出时，高压电缆的截面积比较小，有利于电线束的连接和固定，但高电压要求有更可靠的防护。

当动力电池组的总电压较低时，电流比较大，则高压电缆的截面积比较大，高压电缆很硬，不能随意变形，安装较不方便。各个电池组之间还需要用高压电缆将各个电池组串联起来，一般在最后输出的一组中加装手动或自动断电器，以便在安装、拆卸和检修时切断电流。另外，在电池组中还有各种传感器线束，因此在汽车上有尺寸很长的各种各样的电线束，要求电线之间有可靠的绝缘，并能快速进行连接。

动力电池组的总电压可以达到 90～400V，高电压对人体会造成危害，应采取有效的隔离措施，一般是将动力电池组与车辆的乘坐区分离，将动力电池组布置在地板下面或车架的两侧。在正常的情况下，车辆停止使用时，通常会自动切断电源，只有在车辆启动时才接通电源。当车辆发生碰撞或倾覆时，电池管理系统应能立即切断电源，防止高压电引起的人身事故和火灾，并防止电解液造成的伤害，以保证人身安全。可以利用安全气囊触发 BMS 控制自动开关断开。

电池自身的安全问题，尤其是锂电池在过充电时会着火甚至爆炸，因此，电池使用中的安全问题是国内外各大汽车公司和科研机构所面临和必须解决的难题，它直接影响电动汽车是否能够普及应用。BMS 在安全方面主要侧重于对电池的保护，以及防止高电压和高电流的泄漏，其所必备的功能有：过电压和过电流控制，过放电控制，防止温度过高，在发生碰撞的情况下关闭电池。这些功能可以与电气控制、热管理系统相结合来完成。许多系统都专门增加电池保护电路和电池保护芯片，例如BMS智能电池模块的电路设计还具有单体电池断接功能。安全管理系统最重要的是及时准确地掌握电池各项状态信息，在异常状态出现时及时发出报警信号或断开电路，防止意外事故的发生。

3. 动力电池组的热管理

汽车上使用的动力电池组在工作时都会有发热现象，不同的蓄电池的发热程度各不相同，有的蓄电池在夏季采用自然通风即可满足电池组的散热要求，但有的蓄电池则必须采取强制通风来进行冷却，才能保证电池组正常工作并延长蓄电池的寿命。

电池在不同的温度下会有不同的工作性能，如铅酸蓄电池、锂电池和镍氢电池的最佳工作温度为 $25\sim40℃$。

在电动汽车上，由于动力电池组各个蓄电池或各个分电池组布置在车辆不同的位置上，各处的散热环境不同，因此这些差别也会对蓄电池充、放电性能和蓄电池的使用寿命造成影响。为了保证每个蓄电池都能有良好的散热条件和环境，应将电动汽车的动力电池组装在一个强制冷却系统中，使各个蓄电池的温度保持一致或相接近，并且使各个蓄电池的周边环境条件相似。

动力电池温度管理系统布置形式有水平布置和垂直布置两种，如图 3-17 和图 3-18 所示。

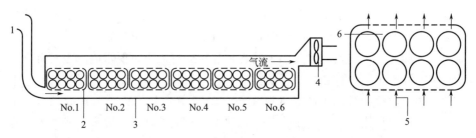

图 3-17　水平布置式冷却系统

1—空气吸入管道；2—电池组；3—支架；4—冷却风扇；5—冷却气流；6—温度传感器

4. 动力电池组的均衡管理

电池组有别于单体电池，在目前的电池制造水平下，单体之间的性能差异在其整个生命周期里不可避免会存在，组合成多节串联电池组后如不采取技术措施，单体电池在充/放电过程中的不一致会导致单体电池由于过充电、过放电而提前失效。要想避免单体电池由于过充电、过放电导致提前失效，使电池

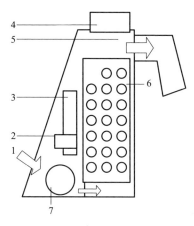

图 3-18　垂直布置式冷却系统

1—空气吸入；2—温度传感器；3—电池组 ECU；4—充电机；5—通风箱；6—电池组；7—风扇

组的性能指标达到或者接近单体电池的水平，必须对电池组中单体电池进行均衡控制。电池组均衡控制的功能：将多节串联后的电池组内部各单体电池充/放电性能恶化减到最小或使其消失。

避免电池组内部各单体电池放电时产生性能恶化，采用简单的控制电路就可做到，但充电时避免电池组内部各单体电池产生性能恶化，却有较大难度，这使充电均衡成为电池组均衡的一个主要问题。

多节动力电池组的均衡控制有两种，即单独充电均衡和充/放电联合均衡。一个容量及放电功率平衡设计良好的系统中，只要充电均衡控制到位即可（此时的充电均衡控制到位指：每次充电均衡控制都可使最差单体电池的电压恢复到充满，最差单体电池的性能达到出厂指标），事实上无须放电均衡。这一均衡方式下的电池组各项性能由最差单体电池的性能决定，最差单体电池的性能如果达到出厂指标，电池组各项性能就能达到设计指标。但是，如果充电均衡控制不能到位，充/放电联合均衡就变得非常重要，在这一情况下，总均衡量是充/放电均衡量相加的和，但这种方式对电池非常不利，因为充电时，仍有可能出现过充电。

放电均衡的功能使电池组放电时，其放出能量为所有电池能量的平均和。放电均衡不能解决单体电池组合成电池组后性能恶化的问题。

对于电池组均衡，目前在业界存在三种均衡方式，即单体充电均衡、充电均衡加放电均衡、动态均衡。

动态均衡即是在电池组的使用和闲置过程中全程进行的充/放电均衡。它可以通过延长均衡的时间来掩盖充/放电均衡量不够所产生的问题。在动态均衡下，因为电池每时每刻都在细微均衡，故在充电和放电时所需要的均衡量大幅下降。

5. 电池状态故障诊断

故障诊断功能是 BMS 的重要组成部分。故障诊断可以在动力电池组工作过程中，实时掌握电池的各种状态，甚至在停机状态下也能将电池故障信息定位到动力电池系统的各个部分（包括电池模块）。故障级别分为一般故障、警告故障和严重故障。BMS 根据故障的级别将电池状态归纳成尽快维修、立即维修和电池寿命警告等三类信息传递到仪表板以警示驾驶员，从而保护电池不被过分使用。

（1）BMS 的重要诊断内容

① 启动过程的 BMS 硬件故障诊断，包括传感器信号的合理性诊断、电池组电压信号合理性诊断、电池模块电压的合理性诊断、启动过程电流信号的合理性诊断、启动过程温度信号的合理性诊断。

② 行车过程的 BMS 诊断，包括电压波动诊断、无模块电压诊断、无电池组电压诊断、无温度信号诊断、电流故障诊断、电流传感器故障诊断、模块电压一致性故障诊断、过电流故障诊断、通信系统故障诊断、鼓风机故障诊断、高压电控制故障诊断、模块电压的过充电/过放电诊断、电池组电压的过充电/过放电诊断、模块电压变化率的过充电/过放电诊断、电池组电压变化率的过充电/过放电诊断、SOC 的过充电/过放电诊断、传感器温度的过充电/过放电诊断、平均温度的过充电/过放电诊断、传感器温度变化率的过充电/过放电诊断、平均温度变化率的过充电/过放电诊断。

（2）诊断与失效处理策略

① 根据各故障原因，对各种故障诊断分别设置了诊断程序的进入与退出条件。

② 采用分时诊断流程，节约 CPU 时间资源。

③ 根据电池充电倍率，动态调节充电诊断过程参数。

④ 根据电池放电倍率，动态调节放电诊断过程参数。

⑤ 故障诊断分三种不同级别进行（报警、故障与危险）。

⑥ 故障诊断结果通过 CAN 总线送至 VMS。

⑦ 故障诊断结果参与电池实际工作电流的控制。

⑧ 故障诊断结果参与高压电控制。

（3）监视软件功能

① 监测动力电池的单体或模块电压。

② 监测动力电池组总电压。

③ 监测电流。

④ 监测电池组 SOC。

⑤ 监测电池组工作平均温度。

⑥ 监测模块电压极大值。

⑦ 监测模块电压极小值。

⑧ 监测温度传感器极大值。

⑨ 监测温度传感器极小值。

⑩ 监测最大允许充电电流和最大允许放电电流。

⑪ 监测蓄电池组故障码状态。

⑫ 显示工况运行时间。

⑬ 存储数据，采用 Office 软件进行后处理分析。

第三节　动力蓄电池与管理系统检修

一、动力蓄电池的更换

下面以吉利帝豪 EV300 电动汽车（2017 款）为例，介绍动力蓄电池的更换。

1. 动力蓄电池的拆卸

① 打开前机舱盖。

② 断开蓄电池负极电缆。

③ 拆卸维修开关。

④ 支撑动力蓄电池总成。

a. 将车辆用举升机升起。

b. 置入平台车，使用平台车支撑动力蓄电池总成（图 3-19）。

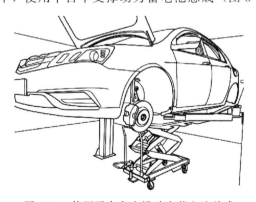

图 3-19　使用平台车支撑动力蓄电池总成

⑤ 拆卸动力蓄电池总成。

a. 断开动力蓄电池进出水管与动力蓄电池的连接。

b. 断开动力蓄电池出水管与热交换器的连接。

c. 断开动力蓄电池进水管与水泵（水冷）的连接。

d. 断开动力蓄电池进水管与电池膨胀壶加水软管的连接。

e. 取下动力蓄电池进水管。

f. 断开动力蓄电池的 2 个高压线束连接器（图 3-20）。

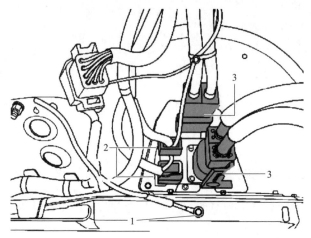

图 3-20　断开动力蓄电池的 2 个高压线束连接器

1—动力蓄电池搭铁线；2—线束连接器；3—高压线束连接器

g. 断开动力蓄电池与前机舱线束的 2 个线束连接器（图 3-20）。

h. 拆卸动力蓄电池搭铁线固定螺母，断开动力蓄电池搭铁线（图 3-20）。

i. 拆卸动力蓄电池总成后部 3 个固定螺栓（图 3-21）。

图 3-21　拆卸动力蓄电池总成后部 3 个固定螺栓

j. 拆卸动力蓄电池总成前部 2 个固定螺栓（图 3-22）。

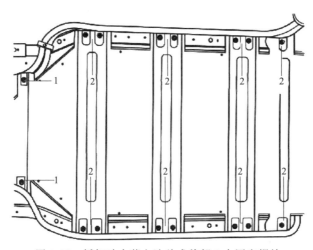

图 3-22　拆卸动力蓄电池总成前部 2 个固定螺栓

1—动力蓄电池总成前部 2 个固定螺栓；2—动力蓄电池总成左右各 7 个固定螺栓

k. 拆卸动力蓄电池总成左右各 7 个固定螺栓（见图 3-22）。

l. 缓慢下降平台车取出动力蓄电池总成。

💠 提示

　　动力蓄电池下降过程中平台车缓慢向前移动，避免动力蓄电池与后悬架的干涉。

2. 动力蓄电池的安装

① 安装动力蓄电池总成。

a. 缓慢举升平台车，调整平台车位置，使动力蓄电池总成上的安装孔与车身对齐。

b. 安装并紧固动力蓄电池总成后部 3 个固定螺栓，紧固力矩为 78N·m。

c. 安装并紧固动力蓄电池总成前部 2 个固定螺栓，紧固力矩为 78N·m。

d. 安装并紧固动力蓄电池总成左右各 7 个固定螺栓，紧固力矩为 78N·m。

e. 安装动力蓄电池搭铁线，紧固动力蓄电池搭铁线固定螺母，紧固力矩为 10N·m。

f. 连接动力蓄电池与前机舱线束的 2 个线束连接器。

g. 连接动力蓄电池的 2 个高压线束连接器。

💠 提示

　　插接时注意"一插、二响、三确认"。

h. 连接动力蓄电池进出水管。

i. 连接动力蓄电池出水管与热交换器的管路。

j. 连接动力蓄电池进水管与水泵。

k. 连接动力蓄电池与电池膨胀壶加水软管。

② 安装动力蓄电池维修开关。

③ 连接蓄电池负极。

④ 关闭前机舱盖。

二、动力蓄电池的基本检修

1. 蓄电池外观检查

① 蓄电池外观正常，无变形、破损、裂纹和碰伤等机械损伤。

② 蓄电池表面干净，无电解液渗漏。

③ 蓄电池端子位置正常，方向一致，无锈蚀。

④ 蓄电池正负极标志清晰，极性正确。

⑤ 印刷商标、出厂日期位置正确，不能歪斜，字迹清晰。

2. 检测蓄电池开路电压

用万用表直流电压挡先测量总电压，再测量单体电池电压。整组蓄电池中的开路电压差不得大于 50mV，单体电池开路电压为 10.5～13V，超过此电压值表示蓄电池有故障。若发现电池组电压不正常，再检查单体电压是否正常。

3. 检测蓄电池带载电压

用蓄电池容量检测表测量单体电池带载电压，如果低于红色刻度，表明蓄电池有故障。

4. 检测蓄电池放电容量

将蓄电池用充电机充电至红灯点亮后，再按标准电流用蓄电池常量放电仪进行常量检测，应符合蓄电池国家标准 2h 率（2 小时放电率）要求。

三、动力蓄电池管理系统（BMS）的检修

1. BMS 常见故障的诊断与排除

BMS 常见故障的诊断与排除见表 3-3。

2. BMS 调试及使用过程中报警信息和处理方法

BMS 内置四级报警，由高到低的含义如表 3-4 所示。

表 3-3　BMS 常见故障的诊断与排除

常见故障	仪表显示	故障处理
电池温度过高	55℃	断开主继电器，持续 60s
电池温度过低 1	−10℃	允许放电，禁止充电
电池温度过低 2	−20℃	断开主继电器，持续 60s
绝缘报警	100Ω/V	断开主继电器，持续 60s
单体电压过高	4.20V	关断充电机，断开充电继电器
单体电压过低	3.3V	断开主继电器，持续 60s
电池总电压过高	84V	报警断开主继电器，持续 60s
电池总电压欠压	36V	报警断开主继电器，持续 60s

表 3-4　BMS 四级报警含义

报警级别	报警含义
A 级	一级报警，切断级，发生该等级报警后一般要切断主回路继电器
B 级	二级报警，控制级，发生该等级报警后一般要求整车控制充放电状态
C 级	三级报警，提示级，发生该等级报警后 BMS 只作为提示，一般不控制继电器
D 级	四级报警，最轻微的报警级别

BMS 调试及使用过程中可能会遇到下列报警信息，可参考表 3-5 中所示方法进行处理。

表 3-5　BMS 调试及使用过程中常见故障及处理方法

故障现象	报警信息	可能原因	处理方法
BMS 不能与 ECU 通信	ECU 显示 BMS 通信故障	BMU（电池管理单元）主控模块未工作，CAN 信号线断线	检查 BMU 的电源 12V/24V 是否正常，检查 CAN 信号传输线是否退针或插头未插，监听 BMU 外 CAN 端口数据是否能够收到 BMS 或者 ECU 数据包
BMS 与 ECU 通信不稳定	ECU 有时显示 BMS 通信故障	外部 CAN 总线匹配不良，总线分支过长	检查总线匹配电阻是否正确，匹配位置是否正确，分支是否过长
BMS 内部通信不稳定	有时报 BUS 离线	通信线插头松动，CAN 走线不规范，BUS 地址有重复	检测接线是否松动检测总线匹配电阻是否正常，匹配位置是否正常，分支是否过长，BUS 地址是否重复
绝缘检测报警	漏电过大	电池或驱动器漏电，绝缘模块检测线接错	使用 BDU 显示模块查看绝缘检测数据，查看电池母线电压、负载母线对地电压是否正常；使用绝缘摇表分别测量母线和驱动器对地绝缘电阻
上电后主继电器不吸合	预充失败	负载检测线 PRE+ 未接，预充继电器开路，预充电阻开路	使用 BDU 显示模块查看母线电压数值，查看电池母线电压、负载母线电压是否正常；检查预充过程中负载母线电压是否上升

续表

故障现象	报警信息	可能原因	处理方法
采集模块数据为0	电压信号线断路，温度信号线断路	采集模块采集线断开，采集模块损坏	重新拔插模块接线；在采集线接头处检测电池电压是否正常；在温度传感器插头处检测阻值是否正常
电池电流数据错误	稳态充电过流，稳态放电过流	霍尔信号线插头松动，霍尔传感器损坏，采集模块损坏	重新拔插电流霍尔传感器信号线；检查霍尔传感器电源是否正常，信号输出是否正常；更换采集模块
电池温差过大	温差过大	散热风扇插头松动，散热风扇故障	重新拔插风扇插头；给风扇单独供电，检查风扇是否正常
电池温度过高或过低	温度过高，温度过低	散热风扇插头松动，散热风扇故障，温度探头损坏	重新拔插风扇插头；给风扇单独供电，检查风扇是否正常；检查电池实际温度是否过高或过低；测量温度探头，在内阻温度下的正常值约10kΩ
继电器动作后系统报错	辅助触点错误	继电器辅助触点断线，继电器触点粘连	重新拔插线束；用万用表测量辅助触点通断状态是否正确
不能使用充电机充电	—	充电机与BMS通信不正常	更换一台充电机或BMS，以确认是BMS故障还是充电机故障；检查BMS充电端口的匹配电阻是否正常，插充电枪后阻值应该接近60Ω
BUS电压采集不准	—	电池组封装后没有校准	重新校准，误差较大时检测线束是否有接触不良情况

3. BMS 常见故障现象及处理方法

BMS常见故障现象及处理方法见表3-6。

表3-6 BMS常见故障现象及处理方法

故障现象	故障分析	处理办法
车辆无法行驶，动力电池灯常亮，车载MP5报温度故障	单体电池温度过高或过低	打开电池框，检查连接是否可靠，有无松动，从板是否正常
车辆无法行驶，动力电池灯常亮，无总压	CAN通信故障	检查主板和从板CAN采集线是否连接可靠，插接件是否松动
车辆启动后，无法行驶，动力电池灯常亮	保险丝熔断、接触器损坏	检查电池接口地方连接是否良好，检查分电盒内保险丝是否熔断、接触器是否损坏，检查电机控制器是否工作
仪表报动力电池故障，MP5报电池压差过大	动力电池容量衰竭、鼓包、膨胀，信号线异常，BMS主板、从板及采集线故障	用CAN卡检测单体电池电压值是否相差0.3V以上，检测BMS是否误报，从板是否虚报，采集线是否连接良好，端子是否正常
车辆无法行驶，驱动电机灯常亮，CAN检查显示绝缘报警	电池框进水或电源线破损	用万用表分别测量总正极、总负极到GND的电压值。逐次测量各连接线是否搭铁正常

第四章

驱动电机及其控制系统

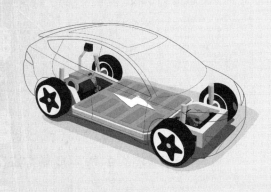

驱动电机、电控系统、动力蓄电池是电动汽车的核心部分，称为"三电"。驱动电机及控制系统由驱动电机（DM）、驱动电机控制器（MCU）构成，通过高、低压线束和冷却管路与整车其他系统连接，如图 4-1 所示。

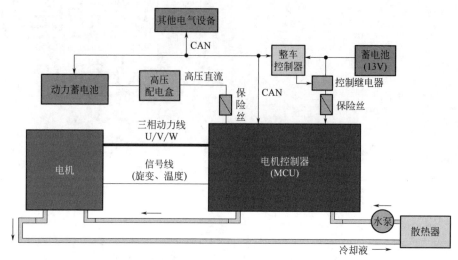

图 4-1　驱动电机及控制系统

第一节　驱动电机

一、驱动电机的作用及其在车上的位置

1. 驱动电机的作用

驱动电机，简称电机或电动机，是将电能转化成机械能，用来驱动其他装置的电气设备。

驱动电机是电动汽车驱动系统的核心部件之一，是车辆行驶的主要执行机构，其特性决定了车辆的主要性能指标，直接影响车辆动力性、经济性和舒适性。驱动电机为整车提供动力，通过驱动电机的正转来实现整车加速、减速；通过驱动电机的反转来实现倒车。在进行能量回收时，例如在下坡、高速滑行以及制动过程中，动能通过驱动电机转化为电能。

混合动力汽车和纯电动汽车的驱动电机所起作用都相同，既作为驱动电机使用，同时也作为发电机使用。纯电动汽车驱动功率的唯一来源是驱动电机，对驱动电机在功率和稳定性上要求更高。

驱动电机功率和转矩关系到汽车的动力性能，输出功率的大小就类似于传统燃油汽车发动机的输出功率。输出功率越大，车辆行驶的最高车速越高；输出转矩越大，车辆加速性能越好。汽车上的驱动电机都在有限的转矩输出下，设计成高速电机。

在电动汽车上，驱动电机在功能上替代了传统汽车上的发动机和发电机，如图 4-2 所示。发动机通常是把化学能转化为机械能来驱动车辆行驶，而驱动电机既可将电能转化为机械能驱动车辆行驶，也可作为发电机将机械能转化为电能并存储在蓄电池中。

图 4-2　驱动电机的功能

2. 驱动电机在车上的位置

如图 4-3 是上汽大众 ID.4 X 前、后驱动电机在车上的位置。

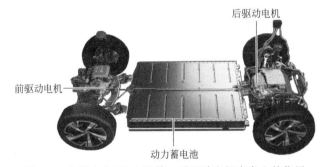

图 4-3　上汽大众 ID.4 X 前、后驱动电机在车上的位置

驱动电机的参数会在铭牌上标示出来。图 4-4 所示是比亚迪秦 Pro EV500

图 4-4　比亚迪秦 Pro EV500 纯电动汽车的驱动电机铭牌

纯电动汽车的驱动电机铭牌。

二、驱动电机的运行模式与类型

1. 电动汽车驱动电机的运行模式

电动汽车的驱动电机具有电动和发电两种运行模式。

（1）电动模式

在电动模式时，电机将电能转换成机械能。

① 逆变器从电池获取电功率，电池放电。

② 电机从逆变器获取电功率。

③ 电机输出机械能，电机转矩与转速同向，电机推动车辆行驶。

（2）发电模式

发电模式时，电机将机械能转换成电能。

① 车辆带动电机，电机转矩与转速反向，轴上输入机械能。

② 电机输出电能。

③ 逆变器输出直流电，电池充电。

2. 电动汽车驱动电机的类型

电动汽车由驱动电机驱动，驱动电机是电动汽车的关键部件。要使电动汽车具有良好的使用性能，驱动电机应具有较宽的调速范围及较高的转速、足够大的启动转矩，还要具有体积小、重量轻、效率高、动态制动性强和能量回馈的性能。目前在电动汽车上已应用的和有应用前景的电机有直流电机、异步电机（三相交流）、永磁式电机（三相交流）和开关磁阻式电机。

驱动电机的技术已经很成熟了，并且产品种类、形式也越来越丰富。表 4-1 为现在电动汽车用电机的性能比较。

表 4-1　电动汽车用电机的性能比较

项目	直流电机	异步电机	永磁式电机	开关磁阻式电机
功率密度	低	中	高	较高
过载能力/%	200	300～500	300	300～500
峰值效率/%	85～89	94～95	95～97	90
额定效率/%	80～87	90～92	90～93	78～86
功率因数/%	—	82～85	90～93	60～65
恒功率区	—	1：5	1：2.25	1：3
转速范围/(r/min)	4000～6000	12000～20000	4000～100000	＞15000
可靠性	一般	好	优良	好

续表

项目	直流电机	异步电机	永磁式电机	开关磁阻式电机
结构的坚固性	差	好	一般	优良
电机外形	大	中	小	小
电机重量	重	中	轻	轻
控制操作性能	最好	好	好	好
控制器成本	低	高	高	一般

三、驱动电机的性能参数

1. 驱动电机的主要性能参数定义

驱动电机的主要性能参数有额定功率、额定电压、额定电流、额定频率、额定转速、额定效率、额定功率因数、绝缘等级、比功率、过载能力等。

（1）额定功率

额定功率指电机在制造厂所规定的额定条件下运行时，其输出端的机械功率，单位一般为 kW。

（2）额定电压

额定电压是指电机在额定条件下运行时，外加于定子绕组上的线电压，单位为 V。一般规定电机的工作电压不应高于或低于额定值的 5%。当工作电压高于额定值时，电机容易发热；当工作电压低于额定值时，会引起输出转矩减小，转速下降，电流增加，也会使绕组过热。

（3）额定电流

额定电流指电机在额定电压和额定输出功率时，定子绕组的线电流，单位为 A。

（4）额定频率

我国电力网的频率为 50Hz，因此除外销产品外，国内用的电机额定频率均为 50Hz。

（5）额定转速

额定转速指电机在额定电压、额定频率下，输出端有额定功率输出时，转子的转速，单位为 r/min。电动汽车所采用的感应电机的转速一般为 8000～12000r/min。

（6）额定效率

额定效率指电机在额定条件下运行时的效率，是额定输出功率与额定输入功率的比值。电机在其他工况运行时的最大效率为峰值效率，整体效率越高越好。电动汽车还需要在车辆减速和制动时实现能量回收，再生制动回收能量一般可达到总能量的 10％～15％。

（7）额定功率因数

对于交流电机，定子相电流比相电压滞后一个角 φ，$\cos\varphi$ 就是异步电机的功率因数。三相异步电机的功率因数较低，在额定负载时为 0.7～0.9，而在轻载和空载时更低。因此，必须正确选择电机的容量，防止出现"大马拉小车"的现象，并力求缩短空载时间。

（8）比功率

比功率指单位质量电机输出的功率，单位是 kW/kg。比功率越大越好。

（9）过载能力

过载能力指电机在超过额定载荷（功率、转矩、电流等）条件下工作的能力。电动汽车电机应具有较大的启动转矩和较大的调速性能，可以使汽车有良好的启动性和加速性，以获得所需要的启动、加速、行驶、减速、制动等的功率与转矩。

（10）绝缘等级

电机的绝缘性是按电机绕组所用的绝缘材料在使用时允许的极限温度来分级的，称为绝缘等级。所谓极限温度，是指电机绝缘结构中最热点的最高允许温度。绝缘等级与极限温度的对应关系如表 4-2 所示。

表 4-2　绝缘等级与极限温度的对应关系

绝缘等级	A	E	B	F	H
极限温度/℃	105	120	130	155	180

（11）其他指标

除了上述的性能参数外，电机还要求可靠性好，耐湿和耐潮性好，运行噪声低，振动小，能够在较恶劣的环境下长时期工作，结构简单，适合大批量生产，使用维修方便，性价比高等。

2. 北汽电动汽车驱动电机技术参数

北汽电动汽车使用的驱动电机（大洋电机）技术参数如表 4-3 所示。

表 4-3　北汽电动汽车使用的驱动电机（大洋电机）技术参数

类型	永磁同步电动机
基速	2812r/min
转速范围	0～9000r/min
额定功率	30kW
峰值功率	53kW
额定转矩	102N·m

续表

峰值转矩	180N·m
质量	45kg
防护等级	IP67
尺寸(定子直径×总长)	ϕ245mm×280mm

3. 比亚迪电动汽车使用的驱动电机技术参数

比亚迪 e5、e6 电动汽车使用的驱动电机为三相交流永磁同步电机，具有高密度、小型轻量化、高效率、高可靠性、高耐久性及强适应性等特点，驱动电机与单挡变速器组成的动力总成技术参数如表 4-4 所示。

表 4-4　比亚迪 e5、e6 电动汽车动力总成技术参数

驱动电机最大输出转矩	310N·m(0～4929r/min)
驱动电机额定转矩	160N·m(0～4775r/min)
驱动电机最大输出功率	160kW(4929～12000r/min)
驱动电机额定功率	80kW(4775～12000r/min)
驱动电机最大输出转速	12000r/min
动力总成质量	103kg
总减速比	9.342
变速器润滑油量	1.8L
变速器润滑油类型	齿轮油 SAE 80W-90(冬季环境温度低于－15℃的地区推荐换用 SAE 75W-90)

驱动电机运转时，输出的动力经过动力总成（即变速驱动单元）的齿轮减速机构（即单挡变速器）直接传递给传动轴。

四、驱动电机的结构与工作原理

1. 直流电机

直流电机是将直流电能转换为机械能的电机，因其良好的调速性能而在电力驱动中得到广泛应用。直流电机的分解图如图 4-5 所示。

（1）直流电机的特点

① 直流电机的优点是：

a. 结构简单；

b. 具有优良的电磁转矩控制特性，可实现基速以下恒转矩、基速以上恒

图 4-5 直流电机的分解图

功率，可满足汽车对动力源低速高转矩、高速低转矩的要求；

　　c. 可频繁快速启动、制动和反转；

　　d. 调速平滑、无级、精确、方便、范围广；

　　e. 抗过载能力强，能够承受频繁的冲击负载；

　　f. 控制方法简单，只需要用电压控制，不需要检测磁极位置。

　　② 直流电机的缺点是：

　　a. 设有电刷和换向器，高速和大负荷运行时换向器表面易产生电火花，同时换向器维护困难，很难向大容量、高速度发展，此外，电火花会产生电磁干扰；

　　b. 不宜在多尘、潮湿、易燃易爆的环境中使用；

　　c. 价格高、体积和质量大。

　　（2）直流电机的构造

　　直流电机主要由机座（壳体）、转子、定子、端盖、风扇等组成，如图 4-6 所示。其中，静止部分叫作定子，转动部分叫作转子或电枢。

　　此外，直流电机中还有电枢绕组、励磁绕组、主磁极、换向器、电刷等零件，如图 4-7 所示。

　　① 定子。定子是由机座、主磁极、励磁绕组、端盖和电刷装置组成的。

　　a. 机座。机座是用来固定主磁极、电刷架和端盖等部件的基体，起支撑和保护作用，与主磁极铁心、磁轭、电枢铁心一起构成电机的磁路。机座是用铸铁、铸钢或钢板制成的。

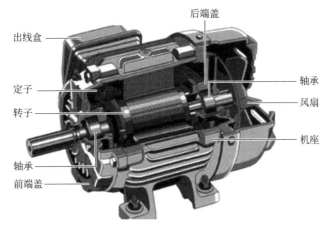

图 4-6　直流电机结构组成

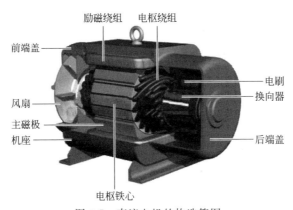

图 4-7　直流电机的构造简图

b. 主磁极。主磁极的作用是产生气隙磁场。主磁极由主磁极铁心和励磁绕组两部分组成。铁心一般用 0.5～1.5mm 厚的硅钢板冲片叠压铆紧而成，分为极身和极掌两部分，上面固定励磁绕组的部分称为极身，下面扩宽的部分称为极掌，极掌宽于极身，既可以调整气隙中磁场的分布，又便于固定励磁绕组。励磁绕组用绝缘铜线绕制而成，套在主磁极铁心上。整个主磁极用螺钉固定在机座上，如图 4-8 所示。

c. 电刷。电刷和换向器配合使用。它主要用来连接励磁绕组和电枢绕组的电路，并使电枢轴上的电磁力矩保持固定方向。

电刷装在端盖上的电刷架中，电刷弹簧使电刷与换向片之间具有适当的压力，以保持配合，如图 4-9 所示。

以四磁极电动机为例，其中两个电刷与外壳绝缘，电流通过这两个电刷进

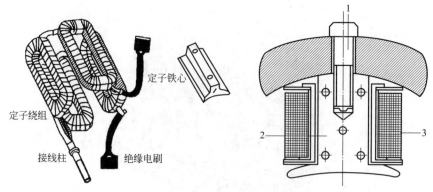

图 4-8 主磁极的结构示意图

1—固定主磁极的螺钉；2—主磁极铁心；3—励磁绕组

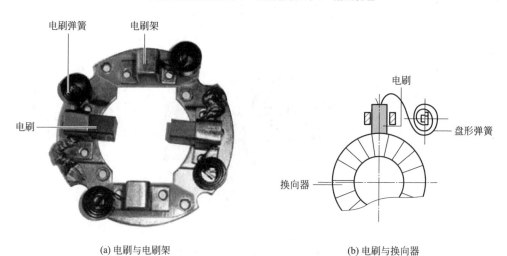

(a) 电刷与电刷架   (b) 电刷与换向器

图 4-9 电刷与电刷架、换向器的组合

入电枢绕组，另外两个为搭铁电刷，通过电枢绕组的电流使这两个电刷搭铁。

② 转子（电枢）。图 4-10 为电枢总成，由外圆带槽的硅钢片叠成的铁心和电枢绕组组成。电枢绕组一般采用矩形断面的裸铜线绕制。

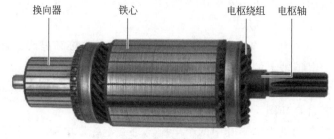

图 4-10 电枢总成

a. 铁心。电枢上铁心的作用有两个：一个是作为主磁路的主要部分；另一个是嵌放电枢绕组。

b. 电枢绕组。电枢绕组由许多按一定规律排列和连接的线圈组成，它是直流电机的主要电路部分，是通电后通过感应产生电动势以实现机电能量转换的关键性部件。

c. 换向器。换向器将电刷上所通过的直流电流转换为绕组内的交变电流。换向器装在电枢轴上，它由许多换向片组成。换向片嵌装在轴套上，各换向片之间均用云母绝缘。

（3）直流电机的工作原理

直流电机是根据通电流的导体在磁场中会受力的原理来工作的。如图 4-11 所示，电源通过电刷、换向器给线圈 abcd 通电，根据电工基础中的左手定则可知，通电的线圈在磁场中，就会产生旋转的力使通电线圈旋转。线圈相当于转子，磁极相当于定子。

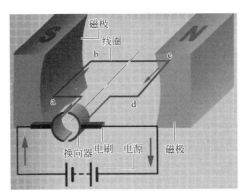

图 4-11　直流电机的工作原理

2. 三相交流异步电机

三相交流异步电机是感应电机，也称三相交流感应电机，是靠同时接入 380V 三相交流电流（相位差 120°）供电的一类电机。三相交流异步电机实物如图 4-12 所示。

（1）三相交流异步电机的特点

① 异步电机的优点：

a. 结构紧凑、坚固耐用；

b. 运行可靠、维护方便；

c. 价格低廉、体积小、重量轻；

d. 环境适应性好；

图 4-12　三相交流异步电机

e. 转矩脉动低, 噪声低。

② 异步电机的缺点:

a. 功率因数低, 运行时必须从电网吸收无功电流来建立磁场;

b. 控制复杂, 易受电机参数及负载变化的影响;

c. 转子不易散热;

d. 调速性能差, 调速范围窄。

(2) 三相交流异步电机类型

三相交流异步电机可分为笼型转子式电机和绕线转子式电机两种。绕线转子式电机可通过改变外电路参数来改善电机的运行性能, 但其成本高、需要维护、耐久性不足, 因而没有笼型转子式电机应用那么广泛。特别是在纯电动汽车和混合动力汽车上, 随着电子、微电子技术和自动化控制技术的快速发展, 电动汽车上采用交流异步电机作为驱动电机的案例日益增多。

(3) 三相交流异步电机的结构

各类三相交流异步电机的基本结构是相同的, 都是由定子和转子两大基本部分组成, 在定子与转子之间具有一定的气隙。此外, 还有端盖、轴承、风扇、风扇罩、接线盒等其他附件。

(4) 三相交流异步电机的工作原理

① 在三相交流异步电机中, 一旦接入三相交流电, 定子绕组通过三相对称电流产生三相磁动势并产生旋转磁场, 即当定子绕组中的电流变化一个周期时, 合成磁场也按电流的相序方向在空间旋转一周。随着定子绕组中的三相电流不断地做周期性变化, 产生的合成磁场也不断地旋转, 因此称为旋转磁场。

② 转子绕组切割旋转磁场产生感应电动势和感应电流, 形成电磁转矩并使得电机转子旋转。电机转子转动方向与磁场旋转的方向相同, 但转子的转速不可能与旋转磁场的转速相等, 否则转子与旋转磁场之间就没有相对运动, 因而磁力线就不切割转子导体, 转子电动势、转子电流以及转矩也就都不存在, 也就是说旋转磁场与转子之间存在转速差, 因此将这种电机称为异步电机, 又因为这种电机的转动原理是建立在电磁感应基础上的, 故又称为感应电机。

3. 永磁同步电机

永磁同步电机就是采用永磁材料来代替励磁电机的励磁绕组 (或转子绕组) 的电机。奥迪 Q5 永磁同步电机分解图如图 4-13 所示。

(1) 永磁同步电机的特点

① 永磁同步电机的优点:

a. 功率因数大, 效率高, 功率密度大;

b. 结构简单, 便于维护, 使用寿命较长, 可靠性高;

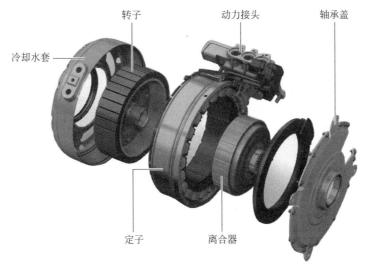

图 4-13　奥迪 Q5 永磁同步电机分解图

c. 调速性能好，精度高；

d. 具有良好的瞬时特性，转动惯量低，响应速度快；

e. 频率高，输出转矩大，极限转速和制动性能优于其他类型的电机；

f. 采用电子功率器件作为换向装置，驱动灵活，可控性强；

g. 形状和尺寸灵活多样，便于进行外形设计；

h. 采用稀土永磁材料后电机的体积小、重量轻。

② 永磁同步电机的缺点：

a. 造价较高；

b. 在恒功率模式下，操纵较为复杂，控制系统成本较高；

c. 弱磁能力差，调速范围有限；

d. 功率范围较小，受磁材料工艺的影响和限制，最大功率仅为几十千瓦；

e. 低速时额定电流较大，损耗大，效率较低；

f. 永磁材料有退磁现象，且磁场不可变；

g. 抗腐蚀性差；

h. 不易装配。

（2）永磁同步电机的类型

永磁同步电机可分为交流永磁同步电机（PMSM）、直流无刷永磁电机（BLDCM）和新型永磁电机（混合式永磁电机 HSM、续流增磁永磁电机）三大类，其中前两类应用较为广泛。

① 交流永磁同步电机是反电动势波形和供电电流波形都是正弦波的交流

永磁电机，又称为正弦波永磁同步电机，采用定子磁场定向矢量控制及转子连续位置反馈信号来调速或控制换向。

② 直流无刷永磁电机是在传统直流电机基础上发展起来的，其电磁结构和传统直流电机一样，是反电动势波形和供电电流波形都是矩形波的直流永磁电机，又称为矩形波永磁同步电机。直流无刷永磁电机结构简单，重量轻，维护方便，无转子损耗，易实现高速和快速制动，效率高，动态响应性能好，控制简单，机械特性较硬，具有和传统直流电机一样好的转矩、转速控制特性，能实现大范围调速和定位控制，成本低，对于运行在恶劣环境下的电动汽车特别适用，因此其在电动汽车中的应用日趋增加。

根据转子对定子的相对位置不同，永磁同步电机又分为外转子式、内转子式和盘式三种。

① 外转子式，是将内定子固定在电机的轴心，外转子处在内定子外圆外，围绕电机的轴心做旋转运动。

② 内转子式，是将外定子固定在电机的轴心，内转子在定子内腔内，围绕电机的轴心做旋转运动。

③ 盘式，其定、转子均为圆盘形，在电机中对等放置，气隙是平面型的，气隙磁场是轴向的，故又称轴向磁场电机。其结构简单紧凑，轴向尺寸短，有较高的功率和质量比。

以上三种结构的电机各有特点，但相比之下，现在电动汽车上采用较多的是内转子式电机。

(3) 永磁同步电机的工作原理

永磁同步电机的工作原理和通电励磁绕组同步电机完全相同，都是通过定子、转子磁场电动势的相互作用，并保持相对静止来获得恒定的电磁转矩来运行的，唯一不同的是永磁同步电机以永磁体来代替励磁绕组，使电机结构简化，加工和装配成本降低，且省去了励磁绕组、电刷和换向器，提高了电机运行的可靠性。永磁同步电机采用正弦交流电及无电刷结构。

永磁同步电机的工作原理如图 4-14 所示。给同步电机的定子绕组通入三相交流电流后，产生旋转磁场，当定子产生的旋转磁场以转速 n_1 按图示方向即逆时针旋转时，如果此时定子磁通势与转子磁通势的方向一致，则不产生转矩，如果方向不一致，则产生的异步转矩与定子磁场和永久磁场所产生的同步转矩共同作用，将转子牵入同步，定子旋转磁场最终会与转子永久磁场紧紧吸引，带转子一起旋转。此时，转子在旋转磁场的拖动下旋转，与定子磁场保持同步转速 n_1。若转子上的负载转矩增加，转子磁极轴线与定子磁极轴线之间的夹角 δ 就会增大，反之，δ 就会减小，但是只要负载保持在一定限度内，转子就始终跟随定子旋转磁场以同步转速旋转。对于同步电机，当其负载在一定范围内改变时，只要保持电源频率不变，转速就是恒定不变的。当电机极对数为 p 时，转子转速 n 与定子电流频率 f 之间满足关系：

$$n = n_1 = \frac{60f}{p}$$

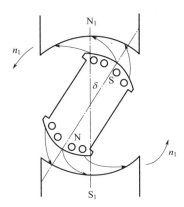

图 4-14　永磁同步电机的工作原理图

当负载转矩超出一定限度时，转子转速就会降低甚至下降到零，导致转子不能再以同步转速运行，这就是同步电机的"失步"现象。该最大转矩限值称为最大同步转矩，因此，要保证电机正常工作，就要使得电机的负载转矩不能大于最大同步转矩。

4. 开关磁阻电机（SRM）

开关磁阻电机又称可变磁阻电机，是一种典型的机电一体化电机，是集电机技术、现代电子技术与计算机控制技术相结合的产物。它综合了感应电机和直流电机传动系统的优点，有着无磁钢、成本低、效率高、结构简单坚固、容错性好、低速输出转矩高等特点，特别适合于电动汽车在各种工况下运行。

（1）开关磁阻电机的特点

① 优点：

a. 系统的调速范围宽，可以在低速场合下运行，也可以在高速场合下运行（最高转速可达 15000r/min）；

b. 结构简单，转子转动惯量小，成本低，动态响应快；

c. 运行效率、可靠性等方面均优于感应电机和同步电机；

d. 热量排放小，耐化学侵蚀能力强，可以在散热条件差、存在化学污染的环境下运行；

e. 价格低，适宜大批量生产。

② 缺点：

a. 磁能变化不大时效率降低、噪声变大；

b. 较其他类型的电机，其配套逆变器结构复杂。

（2）开关磁阻电机的类型与结构

根据励磁方式，开关磁阻电机分为励磁式和永磁式两种。

① 励磁式开关磁阻电机。励磁式开关磁阻电机主要由开关磁阻电机本体、电力电子功率转换器（简称功率转换器）、转子位置传感器以及控制器四部分组成，如图 4-15 所示。

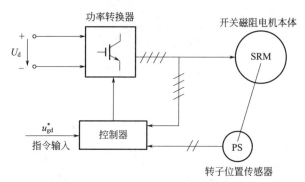

图 4-15　开关磁阻电机的构成

　　a. 电机本体。电机本体采用定、转子双凸极结构，单边励磁，即仅定子凸极采用集中绕组励磁，而转子凸极上既无绕组也无永磁体；定、转子铁心均由硅钢片叠压而成；定子绕组径向相对的极串联，构成一相。其结构原理如图 4-16 所示。

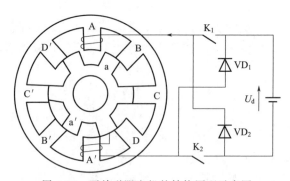

图 4-16　开关磁阻电机的结构原理示意图

　　开关磁阻电机的转子与定子结构如图 4-17 所示。开关磁阻电机的定子与转子相数不同，有多种组合方式，最常见的有三相 6/4 极结构、三相 6/8 极结构和三相 12/8 极结构，如图 4-18 所示。

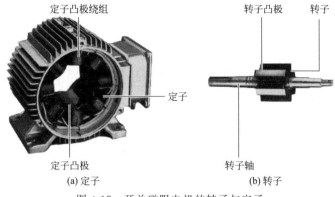

定子凸极绕组　　　　　　　　　转子凸极　转子

定子

定子凸极　　　　　　　　　　　转子轴

(a) 定子　　　　　　　　　　　　(b) 转子

图 4-17　开关磁阻电机的转子与定子

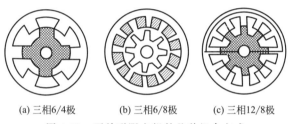

(a) 三相6/4极　　　　(b) 三相6/8极　　　　(c) 三相12/8极

图 4-18　开关磁阻电机的几种组合方式

三相 6/4 极结构说明电机定子有 6 个凸极，转子有 4 个凸极，在定子相对称的两个凸极上的集中绕组互相串联，构成一相。转子上没有绕组，定子上有 6 个凸极的称为三相开关磁阻电机，定子上有 8 个凸极的称为四相开关磁阻电机。相数越多，步进角越小，运转越平稳，越有利于减小转矩波动，但控制越复杂，导致主开关器件增多和成本增加。

b. 转子位置传感器。转子位置传感器有霍尔式、电磁式、光电式和磁敏式多种，常设在电机的非输出端，用来检测转子的位置信号。

c. 功率转换器。功率转换器为开关磁阻电机的运行提供电能，其主电路有许多种，应用最普遍的有三种，即不对称半桥电路、双绕组电路、直流电源裂相式电路。

② 永磁式开关磁阻电机。在励磁式开关磁阻电机的定子轭部对称地嵌入高性能的钕铁硼永磁体，永磁体磁场与各相绕组的磁场共同组成新型电机磁场，形成永磁式开关磁阻电机。

永磁式开关磁阻电机也称为双凸极永磁电机，可采用圆柱形径向磁场结构、一盘式轴向磁场结构和环形横向磁场结构。该电机在磁阻转矩的基础上叠加了永磁转矩，永磁转矩的存在有助于提高电机的功率密度和减小转矩脉动，以利于它在电动车辆驱动系统中的应用。它可以加速绕组换流速度，减小波动，提高能量利用率。

第二节 驱动电机控制器

一、驱动电机控制器的基础知识

1. 驱动电机控制器安装位置

驱动电机控制器（也称电机控制器，简写为 MCU）安装在电动汽车前舱内，通常安装在驱动电机的上部，采用 CAN 通信控制动力蓄电池到电机之间能量的传输，同时采集电机位置信号和三相电流检测信号，精确地控制驱动电机运行。

（1）吉利 EV300 驱动电机控制器安装位置

图 4-19 所示为吉利 EV300 驱动电机控制器安装位置。

电机控制器

图 4-19　吉利 EV300 驱动电机控制器安装位置

驱动电机控制器上高、低压线束接口及驱动电机三相线接口、冷却管路接口和低压充电（DC/DC）接口的分布如图 4-20 所示。

（2）比亚迪 e6 驱动电机控制器安装位置

图 4-21 所示为比亚迪 e6 驱动电机控制器安装位置。

比亚迪 e6 驱动电机控制器总成包含上中下三层，上层和下层为电动机控制单元，中层为水道冷却控制单元，其总成还包括信号接收插件，12V 电源，CAN 线，挡位、加速踏板、刹车、旋变、电机温度信号线，预充满信号线，2根动力蓄电池正负极插接件，3 根三相电机线插接件和 2 个冷却水管接头及其

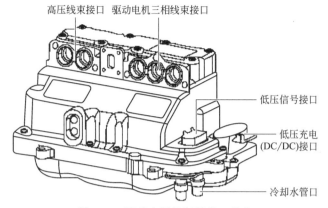

图 4-20 驱动电机控制器接口分布

图 4-21 比亚迪 e6 驱动电机控制器安装位置

他周边附件，如图 4-22 所示。

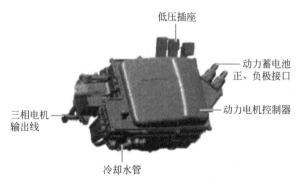

图 4-22 比亚迪 e6 驱动电机控制器接口分布

2. 驱动电机控制器线束连接

驱动电机控制器是一个既能将动力蓄电池中的直流电转换为交流电以驱动

电机，又能将车轮旋转的动能转换为电能（交流电转换为直流电）给动力蓄电池充电的设备。

车辆制动或滑行阶段，电机作为发电机应用。它可以完成由车轮旋转的动能到电能的转换，给电池充电。DC/DC转换器集成在电机控制器内部，其功能是将电池的高压电转换成低压电，为整车低压系统供电。电机控制器线束连接如图4-23所示。

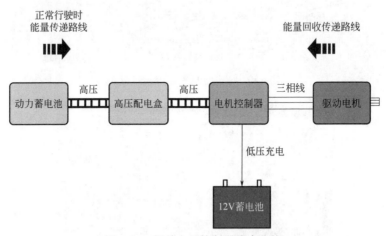

图 4-23　驱动电机控制器线束连接

3. 驱动电机控制器的内部结构

驱动电机控制器内部包含1个DC/AC逆变器和1个DC/DC直流转换器。DC/AC逆变器由IGBT（insulated gate bipolar transistor的缩写，绝缘栅双极型晶体管）、直流母线电容、驱动和控制电路板等组成，实现直流（可变的电压、电流）与交流（可变的电压、电流、频率）之间的转变。DC/DC直流转换器由高、低压功率器件，变压器，电感，驱动和控制电路板，等组成，实现直流高压向直流低压的能量传递。电机控制器还包含冷却器（通冷却液）给电子功率器件散热。

图 4-24　IGBT 实物

IGBT实物如图4-24所示。IGBT用于交流电和直流电的转换，同时IGBT还承担了电压高低转换的功能。外界充电的时候是交流电，需要通过IGBT转变成直流电，同时要把220V电压转换成适当的电压后才能给电池组充电；电池放电的时候，通过IGBT把直流电转变成交流电机使用的交流电，同时起到对交流电机的变频控制。

吉利 EV300 电机控制器组成框图如图 4-25 所示。

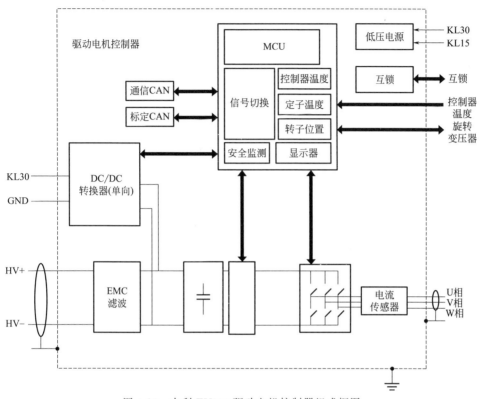

图 4-25　吉利 EV300 驱动电机控制器组成框图

二、驱动电机控制系统

1. 驱动电机控制系统控制模式

（1）转矩控制模式

驱动电机控制系统控制电机轴向四象限的转矩。由于没有转矩传感器，转矩指令（由整车控制器发送）被转换成电流指令，并进行闭环控制。转矩控制模式只有在获得正确的初始偏移角度时才能进行。

（2）静态模式

该模式在电机控制器（PEU）处于被动状态（待机状态）或故障状态时被激活。

（3）主动放电模式

用于高压直流端电容的快速放电。主动放电指令来自整车控制器的指令或由电机控制器（PEU）内部故障触发。

（4）DC/DC 直流转换

电机控制器（PEU）中的 DC/DC 转换器将高压直流端的高压转换成指定的直流低压（12V 低压系统），低压设定值来自整车控制器指令。

（5）系统诊断功能

当故障发生时，软件根据故障级别使 PEU 进入安全状态或限制状态。

2. 驱动电机控制器电气系统原理图

吉利帝豪 EV300 驱动电机控制器电气系统原理图如图 4-26 所示。

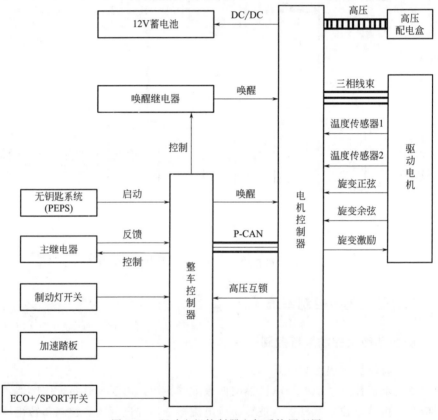

图 4-26　驱动电机控制器电气系统原理图

三、驱动电机控制器的功能与技术参数

1. 驱动电机控制器的功能

驱动电机控制器的功能如表 4-5 所示。

表 4-5　驱动电机控制器的功能

序号	电机控制器功能	备注
1	控制电机正、反转	挡位手柄置于 D 挡时控制电机正转,挡位手柄置于 R 挡时控制电机反转
2	控制电机加、减速	在控制器控制电机运行时,油门开度增大,电机转速变快;油门开度减小,电机的转速变慢
3	控制电机启动、停止	当挡位手柄置于 D 挡或 R 挡时电机启动,当踩下刹车踏板,拉起驻车手柄,挡位手柄置于 N 挡或 P 挡时电机停止
4	CAN 通信	通过 CAN 总线能接收控制指令和发送电机参数,及时把挡位信息、电机转速、电机电流、旋转方向传给相关 ECU,接收其他 ECU 传递的信息,如电压、电量等信息
5	检测电机转子的位置	根据旋转变压器等位置传感器采集的电机转子位置角度实现对电机的相应控制
6	过流、过压、过温保护	当电机过温、散热器过温,功率器过流、过压、过温时发出保护信号,停止控制器运行
7	控制驱动电机的动力输出	控制驱动电机的动力输出的同时,对驱动电机进行保护
8	控制驱动电机发电	控制驱动电机发电,回收车辆制动时能量
9	系统故障诊断	内部故障的检测和处理

2. 驱动电机控制器的技术参数

吉利帝豪 EV300 驱动电机控制器的技术参数如表 4-6 所示。

表 4-6　驱动电机控制器的技术参数

项目	参数	单位
产品尺寸(长×宽×高)	337×206×196	mm×mm×mm
产品体积,质量	约 8.6,约 9.8	L,kg
产品工作环境温度	−40～105	℃
逆变器直流输入电流最大持续电流	±190	A
逆变器直流输入电压	240～430	V
逆变器输出相电流峰值	400A(rms),10s,336V;持续;190A(rms),T_{cool_max}=65℃,8L/min	—
直流转换器输入电压	240～430	V
直流转换器输出电压	10～16	V
直流转换器输出功率	160A,13.5V,持续	—
冷却液型号	冷却液冰点≤−40℃,选用乙二醇和去离子水的混合液,乙二醇体积含量≤55%	—

续表

项目	参数	单位
冷却液温度及流量要求	最大 65℃ $Q \geqslant 0L/min, -40 \sim -25℃$ $Q \geqslant 8L/min, -25 \sim 65℃$	—
冷却液入口压力要求	$\leqslant 200$	kPa

第三节 驱动电机及其控制系统的检修

一、驱动电机控制器自检

驱动电机控制器在控制驱动电机运转的同时，还会对驱动电机、相关的传感器以及自身控制模块进行实时自检。驱动电机控制器自检内容如表 4-7 所示。

表 4-7 驱动电机控制器自检内容

序号	自检内容		说明
1	驱动电机控制器供电和软件检测	供电检测	驱动电机控制器需要接收来自低压蓄电池的 12V 参考电源,当连接的参考电源电压过低或过高时,驱动电机控制器将会实行自我关闭,并对外输出诊断故障码
		内部软件检测	驱动电机控制器内部包括驱动电机控制单元、逆变器控制单元等,这些部件都有集成电路及 CPU,在正常运行过程中,系统会进行自我读、写存储器的能力监测
2	IGBT(绝缘栅双极型晶体管)性能检测		驱动电机控制器会根据整车控制器 VCU 的指令,控制 IGBT 的接通和断开,从而实现驱动电机的输出或作为发电机工作。在对驱动电机电流逆变的过程中,通过顺序启动 IGBT 的高压电流开关晶体管,控制其相应的驱动电机或发电机的速度、方向和输出转矩。同时,驱动电机控制器会检测每个 IGBT 的故障情况,当发现相应故障后,会关闭逆变器功能
3	驱动电机 U、V、W 相电流检测		由于驱动电机或发电机使用三相交流电运行,且 IGBT 通常会对应控制驱动电机或发电机的其中一个相,各相分别标识为 U、V、W。驱动电机控制器通过监测连接到驱动电机或发电机各相的电流传感器,以便检测逆变器是否存在电流过大故障。另外,由于所有的驱动电机或发电机相电路是通过电气方式连接的,其电流总量应相同。驱动电机控制器执行一次计算,以确认相电流传感器的精确性。如果 U、V、W 相电流传感器的相电流总量大致相同,则计算结果应接近零。如果 U、V、W 相电流相差较大,则会认为是故障

续表

序号	自检内容	说明
4	驱动电机温度检测	除了安装在驱动电机上的温度传感器外，在大多数的驱动电机控制器模块内部也会设置有温度传感器，用于检测连接驱动电机电缆的温度，以及模块自身集成电路的温度。驱动电机控制器向温度传感器提供一个 5V 参考电压信号，并测量电路中的电压降。当被检测的电缆或集成电路温度低时，温度传感器电阻变大，驱动电机控制器模块检测到高电平信号电压。当温度升高时，温度传感器电阻减小，信号电压也降低。当驱动电机控制器检测到温度异常时，会输出故障码，并根据故障情况采取限速甚至停止驱动电机工作等措施
5	驱动电机位置的检测	驱动电机控制器根据旋转变压器型位置传感器信号，监测驱动电机转子的角度位置、转速和方向。当驱动电机控制器检测到驱动电机位置异常时，会输出故障码，并根据故障情况采取限速甚至停止驱动电机工作等措施
6	驱动电机控制器高压绝缘检测	驱动电机控制器利用内部的电压传感器检测来自动力蓄电池的高压。驱动电机控制器测试高压正极电路或高压负极电路和车辆底盘之间是否存在失去隔离的情况。当检测到驱动电机控制器或者相关电路在动力蓄电池输出高压后，存在对车辆底盘的电阻过低情况时，系统会将这一情况反馈给整车控制器 VCU，并与 VCU 一起切断车辆的高压电，避免发生触电事故

> **提示**
>
> ① 驱动电机控制器的内部故障，只能重新编程或更换，一般不能进行故障维修处理；
>
> ② 大多数电流传感器是驱动电机控制器总成内部的一部分，无法单独维修；
>
> ③ U、V、W 三相应不缺相，不漏电。驱动电机三相线圈绕组的电阻两两之间小于 1Ω，并且分别与驱动电机壳体绝缘；
>
> ④ 与传统燃油汽车相同，温度传感器是一个负温度系数的热敏电阻，随着温度升高，电阻减小；随着温度降低，电阻增大。

二、驱动电机控制器数据流分析

驱动电机控制器发生故障时，可以利用故障诊断仪或车载电脑进行检测，包括故障码读取及数据流分析。操作故障诊断仪时请参阅对应厂家的诊断仪操作说明书。

1. 上汽荣威 e50 驱动电机控制器数据流

图 4-27 所示是上汽荣威 e50 驱动电机控制器数据流。从图 4-27 中可以看

出驱动电机及其他相关参数数据流，如驱动电机的三个相位 U、V、W 的电流值、驱动电机温度等，维修技师可以与维修手册相关的参考值进行对比，以判断驱动电机的工作运行状态。

管理名称	数值	单位	控制模块
驱动电机1逆变器状态	不活动		驱动电机控制模块1
驱动电机1位置传感器补偿值读入状态	未运行		驱动电机控制模块1
驱动电机1逆变器供电电压电路	13.97	伏	驱动电机控制模块1
驱动电机1U相电流	0.40	A	驱动电机控制模块1
驱动电机1V相电流	−1.76	A	驱动电机控制模块1
驱动电机1W相电流	−0.64	A	驱动电机控制模块1
驱动电机1控制模块负极供给隔离电压	14.72	伏	驱动电机控制模块1
驱动电机1控制模块正极供给隔离电压	0.00	伏	驱动电机控制模块1
隔离电压增量	14.72	伏	驱动电机控制模块1
隔离电压比		:1	驱动电机控制模块1
计算的驱动电机1温度	47	℃	驱动电机控制模块1
↰ 返回　■请联系我们		▦ 主页　﹗车辆菜单　↱ 输入	

图 4-27　上汽荣威 e50 驱动电机控制器数据流

2. 北汽新能源汽车驱动电机控制器数据流

图 4-28 所示是北汽新能源汽车驱动电机控制器数据流。利用故障诊断仪可以读取北汽新能源汽车驱动电机转速、IGBT 模块温度、驱动电机温度以及电压、电流等数据。

名称	当前值	单位
例>>EV160—2016款>>系统选择>>驱动电机系统(MCU)(2017年4月1日以前生产)>>数据流		
直流母线电压	328.00	V
直流母线电流	0.32	A
驱动电机目标转矩命令	0.00	N·m
驱动电机目标转速命令	-1.0	rpm
驱动电机当前转矩	0.00	N·m
驱动电机当前转速	-0.4	rpm
A相IGBT模块当前内部温度	33	℃
B相IGBT模块当前内部温度	33	℃
C相IGBT模块当前内部温度	33	℃
MCU当前散热底板温度	45	℃
驱动电机当前温度	29	℃
D轴电流给定值	0.00	A
D轴电流反馈值	1.16	A
Q轴电流给定值	0.00	A
Q轴电流反馈值	-0.12	A
D轴电压	1.28	V
Q轴电压	17.80	V
转子位置电角度	72.0	°
转子位置初始角度	321.0	°
MCU低压供电电源电压	14.28	V

图 4-28　北汽新能源汽车驱动电机控制器数据流

三、驱动电机的检测

驱动电机检测主要有缺相检测和绝缘检测两种。在整车上进行驱动电机的任何检测项目前，必须要穿戴高压安全防护用品，断开低压蓄电池负极，拆下维护插接器，并释放高压部件的剩余电压，严禁带电操作。下面以江淮 iEV6S 车型驱动电机为例，介绍电机缺相检测和电机绝缘检测方法。

1. 电机缺相检测

电机缺相是指电机内部某相绕组线圈发生不通电、阻值过大或过小的故障，其主要原因为某相线圈烧蚀、断路或线束插接件端子烧蚀等。

① 拆卸驱动电机高压配电盒盖板。

② 检查电机动力电缆接头有无烧蚀现象。

③ 拆卸 U、V、W 三相线，用万用表电阻挡分别测量两两绕组之间的阻值，相互之间的差值大于 0.5Ω 即判定为电机缺相，需要更换驱动电机。

2. 电机绝缘检测

电机发生绝缘故障通常是由电机内部进水、绝缘层受热失效或绕组烧蚀对地短路等原因引起的。当电机发生绝缘故障时，系统往往会报出电机控制器故障或整车绝缘故障。进行电机绝缘检测时必须断开高压线路，用兆欧表对其进行绝缘检测。

① 打开电机配电盒盖板，拆卸动力电缆，将动力电缆与安装底座完全分离。

② 兆欧表选择测试电压 500V 量程，分别测量三相绕组的对地绝缘阻值，测试结果均应大于 $20\mathrm{M}\Omega$。若低于此值，说明驱动电机损坏，需进行更换。

四、驱动电机控制器的更换

以吉利 EV300 为例，介绍驱动电机控制器的更换方法。

1. 驱动电机控制器的拆卸

① 打开前机舱盖。

② 断开蓄电池负极电缆。

③ 拆卸维修开关。

④ 拆卸电机控制器上盖。如图 4-29 所示，拆卸电机控制器上盖 8 个螺栓，取下电机控制器上盖。

⑤ 拆卸电机控制器。

a. 如图 4-30 所示，拆卸驱动电机三相线束连接器（电机控制器侧）3 个

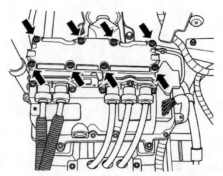

图 4-29 拆卸电机控制器上盖 8 个螺栓

固定螺栓 1。拆卸驱动电机三相线束端子（电机控制器侧）3 个固定螺栓 2，脱开三相线束。

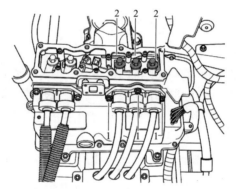

图 4-30 拆卸驱动电机三相线束

1,2—固定螺栓

b. 如图 4-31 所示，拆卸电机控制器分线盒高压线线束连接器（电机控制

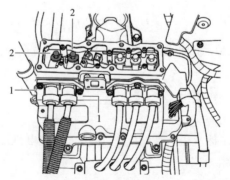

图 4-31 拆卸电机控制器分线盒高压线线束

1,2—固定螺栓

器侧）2 个固定螺栓 2。拆卸电机控制器分线盒高压线线束端子（电机控制器侧）2 个固定螺栓 1，脱开线束。

c. 如图 4-32 所示，断开电机控制器线束连接器 1。拆卸电机控制器 4 个固定螺栓 2。

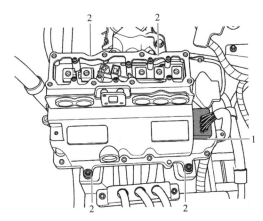

图 4-32　拆卸电机控制器线束连接器和固定螺栓
1—线束连接器；2—固定螺栓

d. 如图 4-33 所示，取下防尘盖，拆卸电机控制器的 2 根搭铁线束固定螺母，脱开搭铁线束。

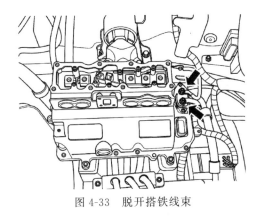

图 4-33　脱开搭铁线束

e. 如图 4-34 所示，脱开电机控制器进水管、出水管，取下电机控制器总成。

> 🌐 提示
>
> 　水管脱开前请在车辆底部放置容器，接住防冻液，以免污染地面。

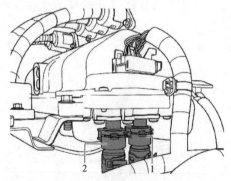

图 4-34 取下电机控制器总成
1—出水管；2—进水管

2. 驱动电机控制器的安装

驱动电机控制器的安装按拆卸的相反顺序进行。

（1）紧固力矩要求。

电机控制器的 2 根搭铁线束固定螺母的紧固力矩为 23N·m；

电机控制器 4 个固定螺栓的紧固力矩为 25N·m；

驱动电机三相线束连接器（电机控制器侧）3 个固定螺栓的紧固力矩为 9N·m；

驱动电机三相线束端子（电机控制器侧）3 个固定螺栓的紧固力矩为 25N·m。

> 🌐 提示
>
> 电机控制器端盖合盖时，采取对角法拧紧固定螺栓。

（2）加注冷却液。

① 拧开膨胀罐盖，加入指定型号的冷却液。

② 持续加注冷却液，直至膨胀罐内冷却液容量达到 80%左右，且液位不再下降，膨胀罐保持开口状态。

③ 拔出电机控制器出水管，待电机控制器出水管有成股水流出，装上电机控制器出水管。

④ 排除空气完成，补充冷却液，恢复车辆。

五、驱动电机及其控制系统的故障诊断与排除

1. 电机控制器常见故障诊断与排除

电机控制器常见故障诊断与排除如表 4-8 所示。

表 4-8　电机控制器常见故障诊断与排除

故障现象	故障原因	故障诊断与排除
车辆不能运行，没有故障码	①电机控制器故障②换挡机构故障③制动踏板故障	①检查电机控制器插接件是否接触良好，线束插接件端子是否完好②将变速杆换到前进挡或倒挡，检查挡位信号是否正常，否则为换挡机构故障③在不踩制动踏板的情况下，检查制动信号是否有 12V 信号，如果有则说明制动踏板有故障
踩下加速踏板，电机不转	①各开关控制信号未输入②电机位置传感器故障③电机控制器温度过高	①检查各开关信号是否到达控制器以及加速踏板位置传感器供电是否正常，输出是否正常②检查电机位置传感器连线是否完好，插头是否接触良好以及线束插接件端子是否完好③电机控制器温度过高将触发过温保护，等待电机控制器温度下降到正常值，并检查风扇
电机运行不平稳，发生抖动	①相序不对②电机缺相③电机位置传感器故障	①检查控制器与电机的三相接线连接是否正确，是否与接线上的标记对应②检查控制器与电机三相接线是否可靠连接③检查电机位置信号连线是否完好，插头是否接触良好以及线束插接件端子是否完好
车辆正常运行过程中，突然出现动力中断，或者车辆时而能运行时而不能运行	①电机控制器故障②换挡机构故障③制动踏板信号故障	①在故障出现时查看故障码，确认电机控制器故障②将挡位分别置于空挡、D 挡和 R 挡，看仪表显示是否正确，若不正确，则检查挡位控制器③检查制动踏板信号发生故障时电压是否为 12V
仪表无挡位和转速信号，车辆可以正常运行	①电机控制器 CAN 总线通信故障②仪表故障③线束故障	①检查电机控制器插接件是否接触良好，线束插接件端子是否完好②检查仪表及线束是否正常
电机控制器有异响	电机控制器风扇防护罩故障	检查电机控制器风扇的防护罩，是否有凹陷或松动
挂上挡位后，在未踩加速踏板的情况下电机开始旋转，或者踩加速踏板时感觉空行程过大	①加速踏板位置传感器输出电压过高②加速踏板位置传感器输出电压过低	更换符合控制器要求的加速踏板位置传感器

⊕ 提示

　　如需插拔电机控制器上高压插接件，必须将点火开关打到"OFF"位置，并拆卸低压蓄电池负极，断开电源后放置车辆 5min，再进行相关操作。如遇到其他情况不能确认原因，请及时联系厂家相关技术人员。

2. 驱动电机常见故障诊断与排除

驱动电机常见故障诊断与排除如表 4-9 所示。

表 4-9 驱动电机常见故障诊断与排除

故障现象	故障原因	故障诊断与排除
车辆无法运行,有故障码	①相序不对或三相线连接有误、标记不对应 ②控制器与电机三相线未接好 ③电机位置信号连线及插接件损坏 ④控制器故障	①检查电机控制器与电机的三相线连接是否正确,是否与接线上的标记对应 ②检查控制器与电机三相线连接是否牢固 ③检查电机位置信号连线是否完好,插头是否接触良好,线束插接件端子是否完好 ④若故障码一直存在,则有可能是控制器出现故障
启动车辆抖动,无法加速	①相序不对或三相线连接有误、标记不对应 ②控制器与电机三相线未接好 ③电机传感器位置偏离或电机故障	①检查电机控制器与电机的三相线连接是否正确,是否与接线上的标记对应 ②检查控制器与电机三相线连接是否牢固 ③若确认电机插接件都没有问题,则说明电机位置传感器偏离,否则说明电机有故障
车辆无法运行,检测发现绝缘故障	①电机三相线绝缘故障 ②电机内部绕组绝缘故障	①检查电机的三相线绝缘 ②检查电机的内部绕组绝缘
电机漏油	①电机油封损坏 ②减速器与电机装配螺栓松动	①检查漏油点部位,如在电机与减速器连接端面处,则检查螺栓是否松动 ②如果漏油处在电机端盖与电机机壳缝隙处,则可能为电机油封损坏,需更换油封并清理电机内部(该故障一定要及时处理,以免减速器油进入电机内部损坏电机轴承和绕组)
车辆加速时或速度在 60~90km/h 时出现"嗡嗡"的剧烈异响	①电机轴承损坏 ②减速器轴承损坏	①若加速时发生异响,一般是电机故障的可能性较大,电机轴承损坏 ②若只在滑行时产生异响,加速时没有,则说明减速器出现故障的可能性较大,减速器轴承损坏

3. 减速器常见故障诊断与排除

减速器常见故障诊断与排除如表 4-10 所示。

表 4-10 减速器常见故障诊断与排除

故障现象	故障原因	故障诊断与排除
电机转,车轮不转	①齿轮组合件配合过松打滑 ②减速器内的行星齿轮啮合不良(磨损过大)而打滑 ③行星齿轮轴断裂	更换减速器

续表

故障现象		故障原因	故障诊断与排除
噪声过大或异响		①缺油,润滑不良 ②齿轮油黏度低 ③齿面损伤或磨损过大造成齿侧间隙过大 ④轴承损坏 ⑤减速器箱体受压或撞击变形 ⑥若转弯时噪声增大或声音异常,则可能是减速器内齿轮啮合不良、受阻、磨损、缺油等原因	更换减速器
减速器漏油	从电机端漏油	①油封紧固弹簧掉出 ②油封主唇破损或磨损	更换油封
	减速器箱体与盖之间的端面漏油	①减速器箱体与箱盖之间的衬垫损坏 ②减速器箱体或箱盖端面不平整,有凸点 ③减速器箱体或箱盖扭曲变形 ④减速器箱体与箱盖之间的固定螺栓松动	更换减速器壳体
	半轴接合处漏油	跟半轴配合的骨架油封损坏	更换油封

第 五 章

充电系统

第一节 充电系统概况

车载动力电池需要不断地补充电能。不同的汽车生产厂商所生产的电动汽车往往需要采用某一特定的充电方法或者配备专用的充电设备。

一、充电系统功能

电池充电应该实现以下功能。

① 对市电进行电力变换，为电动汽车充电，供给与动力电池额定条件相对应的电力。

② 根据动力电池的实时状态控制充电的启动和停止，当动力电池充满电后自动停止充电。

③ 根据动力电池的电量、温度，调节充电电流，控制电池的加热。

④ 根据充电时长的需求选择充电模式，即快充或慢充模式。

⑤ 输入的电源可以用交流电，也可以用直流电。

二、充电系统的类型

纯电动汽车配备的充电系统分为车载充电系统和非车载充电系统两种。

1. 车载充电

车载充电也称常规充电、传统充电及慢充电，指采用地面交流电网和车载充电器（也称车载充电机）对动力电池组进行充电。充电时，只需将车载充电器的插头插到停车场或家中的电源插座上即可进行充电，因此充电过程一般由客户独立完成。

车载充电系统一般设计为小充电率，充电时间长为 $5 \sim 8h$，充电器和电池管理系统都安装在车上，所以它们相互之间容易利用电动汽车的内部线路网络进行通信。这种充电方式对电网没有特殊要求，只要能够满足照明要求的供电系统就能够使用。

2. 非车载充电

非车载充电也称为地面充电及快速充电，指利用专用或通用充电器、专用或公共场所用充电站等对动力电池组进行充电，如图 5-1 所示。

通常非车载充电器的功率、体积和质量均比较大，以便适应各种充电方式。非车载充电器与动力电池管理系统在物理位置上是分开的。

图 5-1　非车载充电

非车载充电方式可分为接触式和非接触式两种。

（1）接触式充电

接触式充电也称为耦合式或传导式充电，就是将一根带插头的交流动力电缆线直接插到电动汽车的插座中给电池充电。这种充电方式的优点是充电操作过程简单，不涉及电池存储、电池更换等操作。但车辆充电时间占用了较多的运行时间，不利于保持电池组的均衡性及可靠的寿命。

（2）非接触式充电

非接触式充电也称无线充电。目前，电动汽车无线充电的实现方案是，将汽车停靠在配置有无线充电传感器的城市路面或车库里，不需要电源线就可以为汽车充电（图 5-2）。

无线充电传感器

图 5-2　无线充电

三、充电机

充电机是与交流电网连接，为动力电池等可充电的储能系统提供直流电能的设备，一般由控制单元、计量单元、充电接口、供电接口及人机交互界面等部分组成，实现充电计量等功能，并具有反接、过载、短路、过热等多重功能及延时启动、软启动、断电记忆自动启动等功能。

电动汽车充电机根据不同的分类标准，可分为多种类型，如表 5-1 所示。

表 5-1 电动车辆充电机的类型

安装位置	车载充电机	非车载充电机
输入电源	单相充电机	三相充电机
连接方式	传导式充电机(接触式)	感应式充电机(非接触式)

1. 车载充电机

车载充电机（图 5-3）安装于电动汽车上，通过插头和电缆与交流插座连接。车载充电机的优点是在动力电池需要充电的任何时候，只要有可用的供电插座，就可以进行充电。充电机依据电池管理系统（BMS）提供的数据，能动态调节充电电流或电压参数，执行相应的动作，完成充电过程。其缺点是受车上安装空间和质量的限制，功率小，只能提供小电流慢充电，充电时间较长。

2. 非车载充电机

非车载充电机也称为充电桩（图 5-4），通常布置在停车场、商业网点等车辆密集区域，如图 5-5 所示。

图 5-3 车载充电机

图 5-4 充电桩

充电桩与交流输入电源连接，直流输出端与需要充电的电动汽车充电接口连接（图 5-6）。非车载充电机可提供大功率电流输出，不受车辆安装空间的限制，可满足电动车辆大功率快速充电的要求。

充电桩是电动汽车的电站，其功能类似于加油站里面的加油机。根据对电动汽车的充电方式，充电桩可分为交流充电桩和直流充电桩两大类。交流充电桩主要安装在停车场，造价低廉，适合家用，给普通纯电动轿车充满电需要

图 5-5 充电桩的布置

图 5-6 充电桩与电动汽车充电接口连接

4～5h，俗称"慢充"。目前小型车多采用交流充电桩充电。直流充电桩主要安装在大型充电站内，以三相四线制的方式连接电网，能够提供充足的电力，输出的电压和电流调整范围大，俗称"快充"（其典型的充电时间约为 10～30min）。电动大巴车主要通过直流充电桩充电。

（1）传导式充电机

传导式充电机的供电部分与受电部分有着机械式的连接，即充电机输出端通过电力电缆直接连接到电动汽车充电接口上，电动汽车上不装备相关电力电子电路。传导式直流充电机通过接口与电动汽车相连，人们在充电机上的人机交互界面处刷卡和进行相应的操作后，即可给电动汽车充电。同时，在充电机显示屏上能够显示电量、费用、充电时间等数据。

这种充电机结构相对简单，容易实现，也是目前电动汽车应用最普遍的充电方式。使用这种充电方式时，操作人员不可避免地要接触强电，所以容易发生危险。

（2）感应式充电机

感应式充电机利用电磁能量传递原理，以电磁感应耦合方式向电动汽车传输电能。供电部分和受电部分之间没有直接的机械连接，其充电原理如图 5-7 所示，两者的能量传递依靠电磁能量的转换。这种结构设计比较复杂，受电部分安装在电动汽车上，受到车辆安装空间的制约，功率受到一定的限制，但由于不需要充电人员直接接触高压部件，因此安全性高。

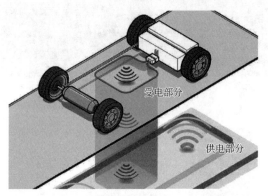

图 5-7　感应式充电机的充电原理

四、智能充电管理

智能充电管理即无须过多人工干预，由充电机充电管理系统和车载 BMS（电池管理系统）联合进行的智能充电管理模式。

充电策略的实现，需要电池管理系统与充电机间实现有效的数据传输和参数实时判断。电池管理系统完成了电池系统中参数的采集工作，在现有的智能充电中，通过与充电机的通信，保证充电安全性，实现充电过程的有效控制。

BMS 的作用是实现对电池状态的在线监测（电池的温度、单体电池电压、工作电流、电池和电池箱之间的绝缘）、SOC 估算、状态分析（SOC 是否过高、电池温度是否过高/低、单体电池电压是否过高/低、电池的温升是否过快、绝缘是否故障、是否过电流、电池的一致性分析、电池组是否存在故障以及是否有通信故障等），以便实施必要的热管理。充电机的主要任务是电源变换、输出电压和电流的闭环控制、必要的保护以及与 BMS 通信，实现对电池状态的全面了解和对输出电流的动态调节。当电池组需要充电时，除了充电机的输出总正和总负动力线需要与电池组相连以外，BMS 和充电机之间还增加了用于实现数据共享的通信线。

智能充电模式的特点：通过在电池管理系统和充电机系统之间建立通信链

路，实现数据共享，在整个充电过程中使电池的电压、温度以及绝缘性能等与安全性相关的参数都能参与电池的充电控制和管理，并使充电机能充分地了解电池的状态和信息，据此改变充电电流，有效地防止电池组中所有电池发生过充电和温度过高的情况，提高串联成组电池充电的安全性。另外，该充电模式完善了 BMS 的管理和控制功能，提高了充电安全性和智能化水平，还简化了操作人员设置充电参数等繁琐的工作，使充电机具有更好的适应性。通过这一模式，充电机不需要区分电池的类型，只需要得到 BMS 提供的电流指令就能实现安全充电。

五、充电系统的组成与原理

1. 充电系统的组成

（1）充电系统的基本组成

电动汽车充电系统包括充电桩（含充电枪）、充电口（交/直流）、车载充电机（也称充电器）、高压配电盒（BDU，也称高压配电箱）、动力蓄电池（含动力蓄电池管理系统 BMS）以及各种高压电缆（线）和低压控制线束等组成。图 5-8 是比亚迪 e6 充电系统组成部件安装位置示意图。

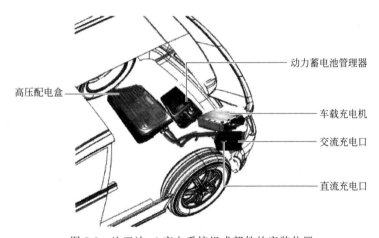

图 5-8 比亚迪 e6 充电系统组成部件的安装位置

（2）比亚迪-秦充电系统

比亚迪-秦充电系统主要是采用家用插头和交流充电桩接入交流充电口，通过车载充电器将家用 220V 交流电转换为 528V 高压直流电给动力电池进行充电的。

主要组成部分：交流充电口、车载充电机、电池管理器、高压配电盒、动力电池。充电系统部件安装位置如图 5-9 所示。

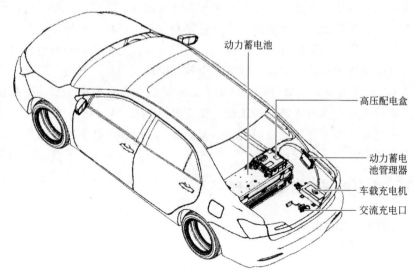

图 5-9　比亚迪-秦充电系统

2. 充电系统的原理

以交流慢充充电方式为例，如图 5-10 所示，充电电流（交流）通过充电桩→充电线（含充电枪）→充电线束（含车辆的充电口）→车载充电机→高压配电盒（BDU）→动力蓄电池，完成慢充充电过程。对于 12V 低压蓄电池的充电，是由动力蓄电池直流高压电经高压配电盒、DC/DC 转换器完成的。

交流慢充充电方式必须通过车载充电器进行，直流快充则不经过车载充电机直接为动力蓄电池充电。

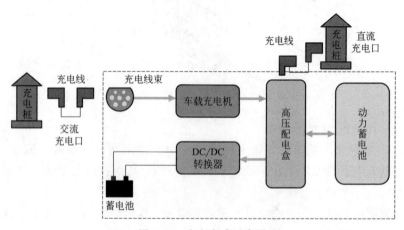

图 5-10　充电方式示意图

3. 充电口

（1）充电口的组成与功能

充电口也称充电接口或充电插口，是指用于连接活动的充电电缆和电动汽车的充电部件，主要由充电插座与充电插头两部分组成，如图 5-11 所示。国家标准规定了交流与直流充电口的标准：交流充电口采用的是七针的设计，直流充电口采用的是九针的设计。

图 5-11　充电口

除了充电连接功能外，有些电动汽车（如比亚迪）的充电口具有锁止功能（防止充电过程中意外断开）和放电功能（利用充电口对外放电，为车外其他的用电供电）。

（2）充电口的位置

已经商业化生产的纯电动汽车，为了满足快、慢两种充电的需要，通常在车辆上同时设置车载充电机、快充接口和慢充接口。图 5-12 所示为比亚迪 e6 纯电动汽车充电接口，打开开电盖后，看到有两个用塑料盖盖住的充电接口，图中左侧接口稍大，为快充（直流）接口，右侧接口稍小，为慢充（交流）

图 5-12　比亚迪 e6 纯电动汽车充电接口

接口。

图 5-13 所示为两个接口的端子布局。

快充接口　　慢充接口

图 5-13　比亚迪 e6 纯电动汽车充电接口的端子布局

（3）充电口端子含义（比亚迪 e6 纯电动汽车）

① 慢充充电口。慢充（交流）充电口各端子位置如图 5-14 所示，各端子的含义如表 5-2 所示。

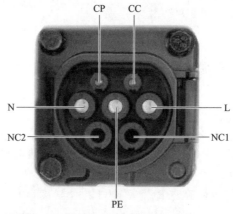

图 5-14　慢充（交流）充电口各端子位置

表 5-2　慢充（交流）充电口各端子含义

端子	端子含义	规格
CP	充电控制确认端子	0～30V，2A
CC	充电连接确认端子	0～30V，2A
L	交流电源（单相、三相）	单相 250V，10A/16A/32A；三相 440V，16A/32A/63A
NC1（L2）	交流电源（三相）	三相 440V，16A/32A/63A
NC2（L3）	交流电源（三相）	三相 440V，16A/32A/63A

续表

端子	端子含义	规格
N	中线(单相、三相)	单相 250V,10A/16A/32A;三相 440V,16A/32A/63A
PE	保护接地(搭铁)线	—

注：1. 车辆充电系统通过 CC 与 PE 之间的电阻来判断充电枪插头是否与车辆插座完全连接，并根据电阻值确认充电枪的功率。

2. 车辆充电系统通过 CP 的 PWM（脉冲）占空比信号确认当前供电设备支持的最大充电电流。

② 快充充电口：快充（直流）充电口各端子位置如图 5-15 所示，各端子的含义如表 5-3 所示。

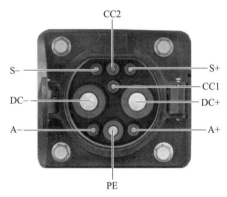

图 5-15　快充（直流）充电口各端子位置

表 5-3　快充（直流）充电口各端子含义

端子	端子含义	规格
DC+	直流电源正	750V/1000V,80A/125A/200A/250A
DC−	直流电源负	750V/1000V,80A/125A/200A/250A
S+	充电通信 CAN-H	0～30V,2A
S−	充电通信 CAN-L	0～30V,2A
CC1	充电确认线,充电柜确认充电枪是否插好	0～30V,2A
CC2	充电确认线,电动汽车确认充电枪是否插好	0～30V,2A
A+	低压辅助电源正	0～30V,2A
A−	低压辅助电源负	0～30V,2A
PE	保护接地(搭铁)线	—

4. 双向车载充电机总成基本功能

比亚迪-唐电动汽车的充电系统主要是采用家用插头和交流充电桩接入交

流充电口，通过车载充电机将家用 220V 交流电转换为直流高压电给动力电池进行充电的。

双向车载充电机总成基本功能如表 5-4 所示。

表 5-4　双向车载充电机总成基本功能

序号	功能	描述
1	AC/DC 转换功能	通过整流模块将 220V 家用交流电转换为直流电
2	DC/DC 转换功能	高压直流电变换输出供给动力电池;低压直流电变换输出供给启动电池
3	DC/AC 转换功能	通过逆变模块将直流电源转换为 220V 家用电
4	电锁功能	仅参与闭锁反馈控制流程
5	保护功能	输入/输出的过压、欠压、过流、接地等保护
6	CAN 通信功能	与车辆 CAN 总线进行数据流交互,并能通过软件过滤得到有用数据
7	在线 CAN 烧写功能	通过诊断口实现程序更新的功能
8	自检功能	检测产品硬件是否有故障,并记录储存故障码

充电机电气特性如表 5-5 所示。

表 5-5　充电机电气特性

高压输出功率	额定功率 3kW
高压输出电压	432～820.8V DC
低压输出电压	(14+0.5)V DC
高压输出过压保护点	750V DC
输出功率	3.3kW
欠压保护	320V DC
绝缘电阻	对地电阻≥100MΩ(测试电压 1000V DC)
冷却	风冷

5. 动力蓄电池充电流程

动力蓄电池充电流程如图 5-16 所示。

① 设置预约充电时间成功，进入预约充电流程，仪表发送不允许充电信号，车载充电机进入等待状态。同时充电感应信号一直拉低，BMS 一直发送允许充电信号。

② BMS 等负载有电后，车载充电机一直输出低压电给低压蓄电池。

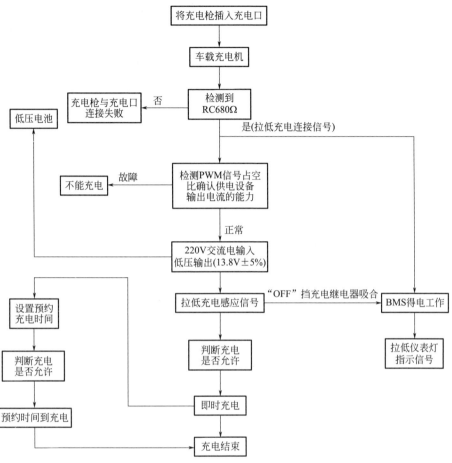

图 5-16 动力蓄电池充电流程

充电结束后如果充电枪不拔出，车载充电机停止工作进入休眠状态（包括低压输出）。

第二节 充电系统的检修

一、充电系统常见故障及检修

充电系统故障是电动汽车故障检修的主要内容之一。根据故障所处的系统，可分为车载充电机故障和充电设施故障。电动汽车充电系统常见故障及检修方法如表 5-6 所示。

表 5-6　电动汽车充电系统常见故障及检修方法

故障类型	故障现象	检测内容	维修方法
操作性故障	正确连接充电枪,充电指示灯亮,无法充电	检测挡位、钥匙状态	依据车辆使用说明,将挡位和钥匙推至正确位置
车载充电机故障	正确连接充电枪,充电系统无反应,无法充电	检查充电枪车端和枪端各触点是否完好	修正损伤的触点
		检测充电枪锁止按键电路是否断开	修复锁止按键电路
		检查高压配电盒充电保险丝是否熔断	更换充电保险丝
		检测充电枪输出端有无电压	维修损坏的充电枪控制盒或断电的供电网络
	正确连接充电枪,充电指示灯亮,无法充电	检测充电输出的辅助电压是否正常	唤醒其他高压节点
		检测动力蓄电池是否完成高压上电	
		检测充电机是否过热	将车移至阴凉处,检测冷却系统
	正确连接充电枪,充电系统正常反应,但一直无法充满	检测通信是否正常	读取故障码,依据故障码检修
		检测充电机电压输出是否正常	维修接触不良的充电机至动力蓄电池高压线缆
充电桩故障	桩体温度过高	检查系统是否过负荷运行	重新启动,若刚启动运行便死机且不能恢复,则立即关机停止充电,联系充电桩专业技术人员进行检测
	桩体无法刷卡或刷卡不灵敏	检查主板串口是否可靠连接	重新启动系统
		检查读卡区域或卡槽	用卡对齐刷卡器读卡区域,重新再次刷卡或输入密码

二、慢充常见故障及检修

慢充常见故障及检修方法如表 5-7 所示。

表 5-7　慢充常见故障及检修方法

序号	常见故障	故障原因	检修方法
1	车辆无法充电	动力蓄电池管理系统故障	检测动力蓄电池管理系统
		动力蓄电池故障	检查或更换动力蓄电池
		通信故障	检查通信系统
2	充电时充电桩跳闸	车载充电机内部短路	更换车载充电机
		充电桩无交流 220V 电压	检查充电桩是否有交流 220V 电压
		充电桩 CP 线与车载充电机连接异常	检查充电桩 CP 线与车载充电机连接是否正常
		充电线束、高压电缆、车载充电机、动力蓄电池的绝缘均异常	检查充电线束、高压电缆、车载充电机、动力蓄电池的绝缘情况，均应正常
3	车辆在使用充电桩充电时，车载充电机指示灯不亮，车辆无法充电	车载充电机内部故障	更换车载充电机
		充电唤醒信号中断	检修充电唤醒信号电路
		互锁电路故障	检修互锁电路
		低压保险丝盒内的动力蓄电池充电保险丝熔断	更换低压保险丝盒内的动力蓄电池充电保险丝
		车载充电器 12V 低压电源异常	用万用表测量车载充电器 12V 低压电源，应正常
		充电系统插接件有退针、锈蚀现象	修理充电系统插接件

当出现慢充无法充电时，进行以下故障判定。

（1）车载充电器故障判定

慢充充电口 CP 与 PE 端子之间的电阻应在 $0.7\sim0.8\mathrm{M}\Omega$ 之间，如果测量电阻为 $2.7\mathrm{k}\Omega$，说明车载充电器内部二极管可能损坏。

（2）交流充电枪故障判定

慢充充电口 CC 与 PE 端子之间的电阻在锁止开关按下时应是 480Ω，开关弹起时 150Ω，否则充电枪故障。

三、快充常见故障及检修

快充常见故障及检修方法如表 5-8 所示。

表 5-8　快充常见故障及检修方法

序号	常见故障	检修方法
1	充电桩显示车辆未连接	检查快充充电口 CC1 端子与 PE 端子是否有 1kΩ 电阻
		检查快充充电口导电层是否脱落
		检查充电枪 CC2 端子与 PE 端子是否导通

续表

序号	常见故障	检修方法
2	动力蓄电池继电器未闭合	检查充电桩输出正极唤醒信号是否正常
		检查充电桩输出负极唤醒信号与 PE 端子是否导通
		检查充电桩 CAN 通信是否正常
3	动力蓄电池继电器正常闭合,但无输出电流	检查充电桩与动力蓄电池 BMS 软件版本是否匹配
		检查高压插接器及电缆是否正确连接
		用诊断仪查看充电监控状态,确认高压动力蓄电池管理器充电相关的数据是否正常(比亚迪 e6 正常充电相关的数据见表 5-9)
4	DC/DC 转换器不工作	检查高压插接器是否正常连接
		检查高压保险丝是否熔断
		检查信号输入是否正常(12V)

表 5-9　比亚迪 e6 电动汽车高压动力蓄电池管理器正常充电相关的数据

序号	项目	数据
1	动力蓄电池组当前总电压	295V
2	动力蓄电池组当前总电流	1.0A
3	动力蓄电池的健康指数	100%
4	剩余动力蓄电池电量	60%
5	动力蓄电池组最高温度	28℃
6	标称容量	232A·h
7	充电是否允许	不允许
8	预充状态	预充完成
9	DC 预充状态	预充完成
10	放电主接触器状态	吸合
11	预充接触器状态	断开
12	充电接触器状态	断开
13	DC 预充接触器状态	断开
14	DC 接触器状态	吸合
15	放电是否允许	允许
16	最低电压动力蓄电池号	12
17	最低单体动力蓄电池电压	3.17V
18	最高电压动力蓄电池号	25
19	最高单体动力蓄电池电压	3.18V
20	最低电压动力蓄电池号	7
21	最低单体动力蓄电池温度	27℃
22	最高温度动力蓄电池号	1
23	最高单体动力蓄电池温度	28℃
24	动力蓄电池组充电状态	正常

第 六 章

电动汽车
的维护与
故障诊断

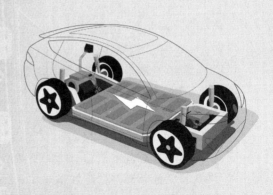

第一节 电动汽车的使用与维护

一、电动汽车新车磨合

电动汽车没有发动机和摩擦片式的离合器，因此新车期间主要的磨合是指对制动系统部件的磨合。电动汽车进入磨合期后，应进行阶段性能检查维护，内容包括以下方面。

（1）磨合前期

① 清洁全车。

② 紧固外露的螺栓、螺母。

③ 补充冷却液。

④ 检查电机驱动系统。

⑤ 检查轮胎气压。

⑥ 检查灯光、仪表。

⑦ 检查低压蓄电池。

⑧ 检查制动系统。

（2）磨合期使用过程中

① 日常注意观察电机驱动器、驱动桥、轮毂以及传动轴等是否有杂音或有无发热现象。

② 日常注意观察制动系统的制动能力及紧固性、密封效果。

③ 日常注意观察全车外露螺栓、螺母的紧固情况。

④ 使用过程中注意车辆要温和驾驶，避免各种激烈驾驶。

（3）磨合期结束

按照厂家规定里程数或使用时间到指定维修站进行全车首次保养，一般主要进行全车油液检查、底盘机械部件检查、各系统功能检查以及更换减速器齿轮油。

二、电动汽车动力电源系统的维护

1. 维护准备工作与注意事项

（1）维护准备

在车辆检修和电源系统维护过程中，需要做好以下准备工作。

① 专用工具的准备。

a. 检修仪器：有些电动汽车配备有专门的检修仪器。

b. 常用仪表：如绝缘测试仪等。

c. 专用工具：如螺钉旋具、扳手等，这些常用工具必须有绝缘措施。

d. 常用物料：如绝缘胶带、扎带等。

e. 可能的专用设备：如充电器等。

② 个人防护。纯电动汽车使用高压电路，在检修前必须做好个人防护措施。

a. 佩戴绝缘手套。

b. 穿绝缘鞋、工作服等。

c. 身上不能佩戴金属物件，如金属手链、戒指、手表、项链等物品。

（2）检修注意事项

纯电动汽车系统使用高压电路，不正确的操作可能导致电击或漏电。所以，在检修过程中（如安装、拆卸、检查、更换零件等），必须注意下列事项。

① 检修前必须熟悉车辆说明书和电源系统说明书。

② 对高压系统操作时应断开电源。断开电源时需注意，通常断开高压或辅助电源，系统内的故障码有可能会被清除，所以需首先检查、读取故障码后再断开电源。

③ 断开电源后放置车辆5min，对车辆系统内的高压电容器进行放电。

④ 佩戴绝缘手套，并确保绝缘手套没有破损。不要戴湿手套。

⑤ 高压电路的线束和连接器通常为橙色，高压部件通常贴有"高压"警示，操作这些线束和部件时需要特别注意。

⑥ 对高压系统进行操作时，在旁边放置"高压工作，请勿靠近"的警告牌。

⑦ 不要携带任何类似卡尺或测量卷尺等的金属物体，因为这些物件可能掉落从而引起短路。

⑧ 拆下任何高压配线后，立刻用绝缘胶带将其包裹绝缘。

⑨ 一定要按规定力矩将高压端子螺钉拧紧。力矩不足或过量都会导致故障。

⑩ 完成对高压系统的操作后，应再次确认在工作平台周围没有遗留任何零件或工具，以及确认高压端子已拧紧、连接器已连接。

2. 电源系统的常规维护

常规维护是对电源使用过程中的安全隐患进行检查和排除，避免发生危险性事故。通过制订常规的预防性维护计划，可以更好地了解所使用电池的健康状况和终止寿命，确定电池的更换或重点维护计划。常规维护一般每月进行一次。

（1）维护程序

① 动力电源系统在使用1～2个月后，维护人员需要对动力电源系统的外观和绝缘进行维护。

② 动力电源系统在使用3个月后，有条件的话对动力电源系统进行一次充放电维护。在进行充放电维护时，应注意以下事项。

a. 维护人员在进行操作时必须戴好绝缘手套等防护用品，使用前必须熟悉动力电源产品的结构、工作原理和使用方法。

b. 在进行充放电维护时，将动力电源系统按正常工作要求连接到位，接通管理系统的电源，监测电池的状态，根据监测的数据判定电池所处的环境温度、电池温度及电池电压等状态是否正常。

c. 进行充放电维护前，操作者应先检查电源系统各部分的情况，在确保各部分正常的情况下才能进行充放电维护。

d. 维护均应在温度15～30℃、相对湿度45%～75%、压力86～106kPa的环境中进行。

e. 在充放电维护过程中，检查管理系统的功能是否运转正常。

f. 在充放电维护过程中，检查风扇是否在规定的温度下开启和关闭，运转是否正常。

g. 在充放电维护结束后，检测电池包的绝缘电阻，测得的绝缘电阻应满足指标要求。用电压表分别测量电池包的正极端子、负极端子与电池包的最大电压，同时测得的电压值应不超过上限要求。

h. 维护后，只有动力电源系统的功能都正常，才可以进行使用；如果有异常情况和故障出现，应立即排除，若有无法排除的故障应及时与厂家联系。

（2）维护内容

① 检查动力电源系统的状态。

② 检查管理系统的功能是否正常。

③ 对电池进行充放电维护。

（3）维护方法

① 外观维护。对电源系统的外观做如下检查，如有问题应及时排除，如无法排除应及时与厂家联系。

a. 检查电池包箱体是否完好，有无损坏或腐蚀。

b. 检查各紧固件螺栓、螺母是否松动。

c. 检查电池包之间的连接线是否松动。

d. 检查插头是否完好，各种线束有无损坏擦伤、有无金属部分外露。

e. 检查电池包的冷却通道是否异常。

② 绝缘。断开电池组与整车的高压连接，用数字式万用表测量各个电池包的总正、总负端子对车体的电压，是否小于上限值。如发现电压偏高，应测量电池包箱体与车体是否绝缘，如有问题，应由专业人员进行维修。通常可以根据系统总正和总负端子对车体的电压大致确认多个电池包组成的电源系统中哪一个对车体绝缘出现问题。通过测量电池包总正、总负端子对电池包外壳的电压可以大致确定电池包内绝缘故障的电池模块。例如，由 60 个镍氢电池组成的电池包，电池包正常电压为 75V（60 个电池电压总和），若总正端子对电池包壳体的电压为 28V，则大致可以判断是从总正端子数，第 22、23 个电池（单体）之间出现了漏电（75÷60＝1.25，28÷1.25＝22.4），拆包进行检查，找出漏电点并消除。若同一个电池包出现多个漏电点，则电池包内可能会出现部分电池放电严重（内部形成短路）的现象，可以按照上面的方法逐个进行消除。

如果绝缘性能检测正常，再进行充放电维护。

③ 电池及管理系统。

a. 接通电池管理系统，采集并记录开路状态下电池组的总电压、各个电池模块的电压以及各个电池模块的温度。

b. 按厂家推荐的充放电制度对系统进行充放电测试。

c. 在充放电过程中检查电池管理系统显示的电流、电压、温度和 SOC（电池荷电状态，也称剩余电量）是否正常；车辆正常运行过程中，检查管理系统数据显示是否正常。如有故障应进行故障排除（通常由汽车授权服务店来完成）。

d. 接通辅助电源，运行车辆直至冷却系统工作，观察冷却通道是否通畅。

e. 检查管理系统与各部分连接是否有松动。

> 🌐 提示
>
> 　气温较高的情况下，在充放电过程中应打开车内空调，并开启电池包冷却风扇通风。充电过程中应注意监测各电池模块的电压和温度，如温度超过上限，应停止充电。

④ 冷却系统。检测进出风通道是否顺畅，风机是否能正常工作。清除防尘网上的灰尘及杂物或更换防尘网。

（4）注意事项

① 动力电源系统在使用时，必须正确识别其正负极，不得接反，不得短路；动力电源系统充电应按照指定的充电条件进行。

② 建议在 0～30℃环境温度下进行充电。

③ 动力电源系统在使用时，应严格控制放电终止电压不低于放电最低电

压，否则会引起电池性能和循环寿命下降等问题。

④ 动力电源系统的连接均应牢固可靠，动力电池应避免在倒置状态下工作。

⑤ 避免对动力电池长时间过度充电。

⑥ 环境温度过高或过低均会对动力电源系统的充电效率、放电容量、电压的稳定及使用寿命等有不良影响。

⑦ 动力电源系统在使用中发生异常情况，应立即断开电源，并及时与厂家联系进行维修。

⑧ 严禁用金属或导线同时接触动力电源系统的正负极，以免造成短路。充足电的动力电源系统要防止短路，否则会严重损坏电池，甚至产生危险。在运输和使用时，不要损坏或拆卸电池组，以免电池组短路。

⑨ 动力电源系统应储存在干燥通风、温度不高于35℃的环境中，请勿接近火源，并避免和酸性或其他腐蚀性气体接触。

⑩ 动力电源系统在充、放电过程中，如果出现异味、异常声响，应立即停止充、放电。

3. 电源系统重点维护

重点维护是对电源系统进行较详细的测试及检查，目的是保证电源系统满足继续使用的要求，消除系统存在的安全隐患，延长电源系统的使用寿命。重点维护一般6~8个月进行一次。重点维护前先按常规维护进行检查。

（1）拆卸

将电池包从车上拆卸下来。若电池包在车上安装位置合适，利于开包检查和维护，可不进行拆卸。

（2）开包

① 观察电池包外观，看是否有燃烧、漏液、撞击等痕迹。

② 拧下电池包上盖固定螺钉，将电池包上盖取下，打开电池包。

> **提示**
> 打开电池包时不要使电池包上盖与电池接触，也不要损伤电池包。

（3）电池包内部状况检查及处理

① 绝缘检测。用数字式万用表测量各个电池包的总正、总负端子对车体的电压是否小于规定数值。如发现电压偏高，查找漏电点，更换绝缘部件或采取补救措施，消除安全隐患。

② 检查电池包底盘和支架是否有电解液、积水等异常情况，如果存在这些异常，需更换电池，同时清理电池包安装部位，确保电池包与底盘的绝缘。

③ 观察电池外观整洁程度，是否有漏液、腐蚀等现象。同时使用毛刷、干抹布清洁电池表面及零部件。

④ 检查电池之间的连接是否有松动、锈蚀等现象，及时清理或更换。

⑤ 检查系统输出端子的连接、电池管理系统各插接件是否牢固，如发现有松动应紧固。

⑥ 清理防尘网上的灰尘或杂物。对于采用外进风的冷却系统，电源系统应用较长时间后，电池包内可能会积存大量灰尘等，必须进行清理，清理后再次进行绝缘检测。

⑦ 检查各电池外观，是否有损坏、漏液、严重变形等现象，对这些电池进行标记，并进行更换。

⑧ 检测每个电池电压，对电压异常电池进行维护或更换。

⑨ 数据采集系统的检查。

a. 检查各接线是否连接牢固。

b. 检查各焊点是否有松动、脱焊现象，若有则进行补焊。

> **提示**
>
> 　本部分工作与电池直接接触，操作过程中应注意避免发生触电事故，不要使电池发生短路。电池包的开包检查与更换必须由专业人员进行。

三、电动汽车的保养

1. 电动汽车首次保养规定

部分电动汽车车型首次保养规定如表 6-1 所示。

表 6-1　电动汽车首次保养规定

车型	规定使用里程和时间（以先到为准）		说明
	里程	月数	
吉利帝豪 EV300	3000km	3 个月	首次保养必须更换减速器齿轮油
比亚迪 e5	3000km	3 个月	
北汽新能源 EC200	10000km	6 个月	
江淮 iEV6e	3000km	3 个月	
长安奔奔 EV260	10000km	6 个月	
特斯拉	20000km	12 个月	后续每 20000km 或 12 个月保养 1 次（底盘、空调滤清器等），每 8 年或每 160000km 更换动力蓄电池冷却液

2. 电动汽车全面保养

(1) 电动汽车保养项目及保养内容

电动汽车保养项目及保养内容（以吉利帝豪 EV300 电动汽车为例）如表 6-2 所示。

表 6-2　电动汽车保养项目及保养内容

总成	保养项目	保养内容	保养周期
动力蓄电池总成	动力蓄电池箱外围	动力蓄电池箱体(含尾部挂梁)与车辆底盘的固定螺柱紧固	10000km 或 6 个月保养一次
		动力蓄电池箱体(含尾部挂梁)与车辆底盘的固定螺柱腐蚀/破损	
		MSD(维修开关)拉手及底座内部清洁度/腐蚀/破损	
		高压插接器公插与母插清洁度/腐蚀/破损	
		低压插接器公插与母插连接可靠性	
		低压插接器公插与母插清洁度/腐蚀/破损	
		动力蓄电池箱箱体划痕/腐蚀/变形/破损	
		动力蓄电池下箱体底部防石击胶划痕/腐蚀/破损	
	动力蓄电池状态	检查动力蓄电池状态参数/SOC/温度/动力蓄电池单元电压	
		检查动力蓄电池组绝缘阻值	
驱动电机	清洁	清洁驱动电机外壳体,保证无水渍、泥垢	10000km 或 6 个月保养一次
	驱动电机水冷系统	检查管路有无老化、渗漏	
		检查电动水泵是否有冷却液渗漏	
	驱动电机机械连接紧固	检测螺栓上的漆标,若漆标位置有移动则对螺栓进行紧固;若无则不做要求	
	接地线连接	驱动电机接地线部位的接地阻≤0.1Ω	

续表

总成	保养项目	保养内容	保养周期
车载充电机	一般检查	清洁	10000km 或 6 个月保养一次
		高、低压插接件表面完好无破损、牢固	
		接地线牢固无松动	
		车载充电机安装牢固、无松动	
		车载充电机诊断测试	
冷却系统	冷却液	检查或更换	20000km 更换一次
减速器	齿轮油	检查或更换	50000km 更换一次
驱动电机控制器	绝缘、接地电阻检测	绝缘电阻≥100MΩ；接地电阻≤100mΩ	50000km 检查一次
	不可维修件，无需保养		

（2）电动汽车整车保养项目的保养周期

电动汽车整车保养项目的保养周期（以比亚迪 e6 电动汽车为例）如表 6-3 所示。

表 6-3　电动汽车整车保养项目的保养周期

保养时间间隔 ×1000km　保养项目	里程表读数或月数，以先到者为准															
	7.5 / 12	15 / 24	22.5 / 36	30 / 48	37.5 / 60	45 / 72	52.5 / 84	60 / 96	67.5 / 108	75 / 120	82.5 / 132	90 / 144	97.5 / 156	105 / 168	112.5 / 180	120 / 192
月数	6	12	18	24	30	36	42	48	54	60	66	72	78	84	90	96
1. 检查紧固底盘固定螺钉	√	√	√	√	√	√	√	√	√	√	√	√	√	√	√	√
2. 检查制动踏板和电子驻车开关	√	√	√	√	√	√	√	√	√	√	√	√	√	√	√	√
3. 检查制动摩擦块和制动盘	√	√	√	√	√	√	√	√	√	√	√	√	√	√	√	√
4. 检查制动系统管路和软管	√	√	√	√	√	√	√	√	√	√	√	√	√	√	√	√
5. 检查制动钳总成导向销		√		√		√		√		√		√		√		√
6. 检查转向盘、拉杆	√	√	√	√	√	√	√	√	√	√	√	√	√	√	√	√

续表

保养时间间隔 ×1000km	里程表读数或月数，以先到者为准															
	7.5 12	15 24	22.5 36	30 48	37.5 60	45 72	52.5 84	60 96	67.5 108	75 120	82.5 132	90 144	97.5 156	105 168	112.5 180	120 192
月数 保养项目	6	12	18	24	30	36	42	48	54	60	66	72	78	84	90	96
7. 检查传动轴防尘罩	√	√	√	√	√	√	√	√	√	√	√	√	√	√	√	√
8. 检查球销和防尘罩	√	√	√	√	√	√	√	√	√	√	√	√	√	√	√	√
9. 检查前后悬架装置	√	√	√	√	√	√	√	√	√	√	√	√	√	√	√	√
10. 检查轮胎和重启压力(含 TPMS)	√	√	√	√	√	√	√	√	√	√	√	√	√	√	√	√
11. 检查前轮定位、后轮定位	√	√	√	√	√	√	√	√	√	√	√	√	√	√	√	√
12. 轮胎调换	√	√	√	√	√	√	√	√	√	√	√	√	√	√	√	√
13. 检查车轮轴承有无游隙	√	√	√	√	√	√	√	√	√	√	√	√	√	√	√	√
14. 检查车身损坏情况	每年															
15. 检查前舱盖锁及其紧固件	每年															
油品																
16. 检查副水箱内冷冻液液面高度	√	√	√	√	√	√	√	√	√	√	√	√	√	√	√	√
17. 检查转向液	√	√	√	√	√	√	√	√	√	√	√	√	√	√	√	√
18. 检查制动液	√	√	√	√	√	√	√	√	√	√	√	√	√	√	√	√
19. 更换驱动电机防冻液	第 4 年或 100000km 更换长效有机酸型冷却液，以先到者为准															
20. 更换制动液	每 2 年或 40000km 更换一次															
21. 更换转向液	每 4 年或 100000km 更换一次															
22. 减振器油	免更换															
23. 检查和更换变速器内的齿轮油	首保 6 个月或 5000km 更换，后续 24 个月或 48000km 更换															

续表

保养时间间隔 ×1000km	里程表读数或月数，以先到者为准															
	7.5 12	15 24	22.5 36	30 48	37.5 60	45 72	52.5 84	60 96	67.5 108	75 120	82.5 132	90 144	97.5 156	105 168	112.5 180	120 192
月数 保养项目	6	12	18	24	30	36	42	48	54	60	66	72	78	84	90	96
高压																
24. 检查高压模块故障码（记录后清除）	√	√	√	√	√	√	√	√	√	√	√	√	√	√	√	√
25. 检查动力电池托盘、防撞杆	√	√	√	√	√	√	√	√	√	√	√	√	√	√	√	√
26. 检查动力总成是否漏液、磕碰	√	√	√	√	√	√	√	√	√	√	√	√	√	√	√	√
27. 检查高压线束或接插件是否松动，引脚是否烧蚀	√	√	√	√	√	√	√	√	√	√	√	√	√	√	√	√
28. 检查高压模块外观，检查是否变形、是否有油液	√	√	√	√	√	√	√	√	√	√	√	√	√	√	√	√
29. 检查各充电连接器接口处是否有异物、烧蚀等情况	√	√	√	√	√	√	√	√	√	√	√	√	√	√	√	√
30. 容量测试及校正	每6个月或72000km															
31. 检查高压系统模块是否有软件更新，有则更新	√	√	√	√	√	√	√	√	√	√	√	√	√	√	√	√
电器																
32. 检查灯具灯泡、LED是否点亮正常	√	√	√	√	√	√	√	√	√	√	√	√	√	√	√	√
33. 检查前灯调光功能是否正常	√	√	√	√	√	√	√	√	√	√	√	√	√	√	√	√
34. 更换普通滤网	√	√	√	√	√	√	√	√	√	√	√	√	√	√	√	√

续表

保养时间间隔 ×1000km	里程表读数或月数，以先到者为准															
	7.5 12	15 24	22.5 36	30 48	37.5 60	45 72	52.5 84	60 96	67.5 108	75 120	82.5 132	90 144	97.5 156	105 168	112.5 180	120 192
月数 保养项目	6	12	18	24	30	36	42	48	54	60	66	72	78	84	90	96
35. 更换空调冷却液	每 4 年或 100000km 更换长效有机酸型冷却液，以先到者为准															
36. 近光初始下倾度校准	每隔 10000km 校准一次															
37. 更换安全气囊模块及 ECU、传感器	每 10 年或 100000km 更换一次															
备注	在检查第 1 项时，如发现底盘部件有异常损坏请及时更换															
温馨提示	为了使动力电池处于最佳状态，需要定期（至少 6 个月或 72000km）对车辆进行全充全放，达到电池自我校正的目的，也可以联系比亚迪汽车授权服务店进行容量的测试与校正															

注：√表示必要时进行检查、修正或更换。

3. 电动汽车保养项目中的油液容量及规格

电动汽车保养项目中的油液容量及规格（以吉利帝豪 EV300 电动汽车为例）如表 6-4 所示。

表 6-4　电动汽车保养项目中的油液容量及规格

应用	油液容量	油液规格
减速器齿轮油	(2.3 ± 0.1)L	Mobil Dexron Ⅵ
制动液	(445 ± 20)mL	符合 DOT4
驱动电机水箱冷却液	6.1L	符合 SH0521 要求的驱动电机用乙二醇型驱动电机冷却液（防冻液），冰点≤−40℃
玻璃清洗剂	2.1L	硬度低于 205g/1000kg 的水或适量商用添加剂的水溶液
空调制冷剂	550g	R134a
前机舱盖和车门铰链、充电口盖铰链、行李舱门铰链	—	通用锂基脂
门窗密封条	—	硅基润滑脂

4. 电动汽车常规保养

依照使用情况或所规定的里程，检查下列项目。

（1）冷却液

在每次充电时检查散热器副水箱的液位，如图 6-1 所示。液位应处于上限（MAX）和下限（MIN）之间，如果低于下限刻度线，应添加冷却液至上限刻度线。

图 6-1　检查散热器副水箱的液位

如果车辆动力系统为水冷却，则装备有动力电池冷却液储液罐。每次充电时检查储液罐的液位。如图 6-2 所示，检查动力电池冷却液液位，液位应处于上限（MAX）和下限（MIN）之间，如果低于下限刻度线，应添加冷却液至接近上限刻度线。

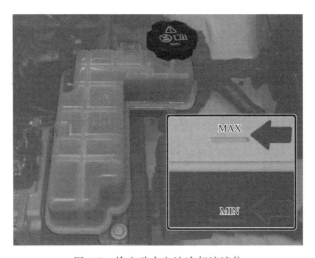

图 6-2　检查动力电池冷却液液位

（2）风窗玻璃洗涤液

每月检查一次风窗玻璃储液罐中的洗涤液存量，因天气不好而频繁使用洗涤液时，应在每次充电时检查液位。如图 6-3 所示，打开风窗玻璃储液罐盖子，抽出液位计即可查看液位高度，如果不足，加满即可。

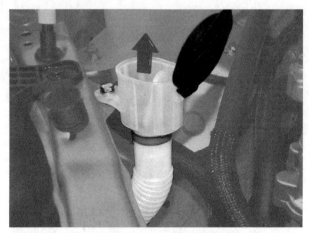

图 6-3　检查风窗玻璃洗涤液液位

（3）刮水器

每月检查一次刮水器状况。如果刮水器不能刮净风窗玻璃，应检查其是否有磨损、龟裂或其他损伤。

（4）制动液

制动液应依照定期保养表中规定的行驶时间与里程数进行更换，每月检查一次液位。如图 6-4 所示，液位应处于上限（MAX）和下限（MIN）之间，如果低于下限刻度线，应添加制动液至接近上限刻度线。同时检查制动系统是否存在泄漏现象，如果有泄漏处，应及时维修。

图 6-4　检查制动液液位

（5）制动踏板

每次驾驶车辆时，均应检查制动踏板是否操作自如。

（6）电子驻车开关

检查电子驻车开关是否功能完好。

（7）辅助蓄电池

每月检查一次辅助蓄电池的状况及端子的腐蚀情况。

① 确认电机和所有附属设备都已处于关闭状态。

② 取下辅助蓄电池负极接头上的搭铁电缆。

③ 检查辅助蓄电池有无腐蚀、接头松动、裂纹及压板松动等现象。如果辅助蓄电池已被腐蚀，须用温水和苏打水的混合溶液进行清洗，在接头外部涂润滑脂。如果接头连接松动，应拧紧。如果压板松动，应按紧。

④ 检查辅助蓄电池内部状态。根据辅助蓄电池外壳上的说明，通过观察窗口可检查电池内部状态。如果电池电解液不足，需更换电池。

（8）空调系统

每周应检查空调装置的工作情况。

（9）轮胎

每月检查一次轮胎胎压（需在冷态下检查）。检查胎面的磨损状况及是否嵌有异物。

（10）风窗玻璃除霜装置

在使用暖风装置和空调时，每月应检查除霜装置出风口。

（11）车灯

每月检查一次前照灯、小灯、尾灯、高位制动灯、转向信号灯、前雾灯、后雾灯、制动灯及牌照灯的状况。

（12）车门

检查后备厢盖及其他车门（包括后排车门）是否开关自如、上锁牢固。

（13）扬声器

检查扬声器是否正常。

（14）动力转向液

每月至少检查一次动力转向液储液罐的液面高度。查看储液罐侧面，液位应处于上限（MAX）和下限（MIN）之间，如果低于下限刻度线，应添加动力转向液至接近上限刻度线。同时检查系统是否存在泄漏现象，如果有泄漏处，应及时维修。

四、电动汽车使用的应急处理

1. 指示灯／警告灯点亮应对措施

指示灯/警告灯点亮（信息显示界面有信息显示或蜂鸣器鸣响时）的应对措施如表 6-5 所示。

表 6-5　指示灯/警告灯点亮的应对措施

序号	指示灯	应对措施
1	(!)	制动系统故障警告灯 如果没有使用驻车制动器,建议立即停车并与厂商授权服务店联系
2	安全带图标	驾驶员座椅安全带指示灯 驾驶员应系上安全带
3	PASSENGER	前排乘员座椅安全带指示灯 前排乘员应系上安全带
4	电池图标	充电系统警告灯 应立即停车并建议与厂商授权服务店联系
5	(ABS)	ABS 故障警告灯 建议将车辆送到厂商授权服务店进行检查。如果此时驻车制动故障警告灯点亮,应立即停车并建议与厂商授权服务店联系
6	气囊图标	安全气囊故障警告灯 建议将车辆送到厂商授权服务店进行检查
7	温度图标	电机冷却液温度过高警告灯 请将车开到指定维修点,停车冷却驱动电机。如频繁出现,建议联系相关工作人员
8	动力图标	动力系统故障警告灯 该警告灯常亮时,建议将车辆送到汽车厂商授权服务店进行检查
9	电机图标	电机过热警告灯 常亮时表示温度过高,检查冷却液是否充足,停车冷却驱动电机。如频繁出现,应立即停车并建议与汽车厂商授权服务店联系
10	转向图标!	转向系统故障警告灯 建议立即停车并与汽车厂商授权服务店联系
11	电池图标!	动力电池故障警告灯 该警告灯常亮时,建议将车辆送到汽车厂商授权服务店进行检查

续表

序号	指示灯	应对措施
12		动力电池过热警告灯 该警告灯点亮时应停车使电池冷却
13		动力电池电量低警告灯 该警告灯点亮时，请及时给车辆进行充电
14		动力电池充电连接指示灯 充/放电枪已连接好，可以开始充/放电
15	OK	"OK"指示灯 指示车辆可行驶，注意周围情况
16		前排乘员安全气囊开关状态指示灯 如果副驾驶位置坐有成年人，打开副驾驶座安全气囊
17	(!)	胎压系统警告灯（装有时） 表示轮胎压力异常或胎压监测系统故障，应立即停车并建议与汽车厂商授权服务店联系
18		制动片磨损警告灯 表示制动片磨损过薄，建议联系汽车厂商授权服务店进行检查与更换
19	((P))	电子驻车状态指示灯（装有时） 表示电子驻车已启动
20		ESP故障警告灯（装有时） 该警告灯常亮时，建议将车辆送到汽车厂商授权服务店进行检查 该警告灯闪烁时，ESP系统工作正常

2. 系统紧急关闭

车辆处于某些条件时，紧急关闭系统启动，"OK"指示灯将会关闭。

（1）关闭条件

① 前方碰撞后安全气囊没有打开。

② 某些部位后方碰撞。

③ 某些车辆系统故障。

（2）关闭后果

一旦紧急关闭系统被激活，本车系统将不能转换到驾驶就绪状态。

3. 车辆起火

如果车辆起火，应根据实际状况，按照以下方法对车辆进行操作。

① 将车辆退电至"OFF"挡，并在条件允许情况下断开前舱辅助蓄电池连接线缆。

② 如果火势较小，就近寻找干粉灭火器进行灭火，并立即拨打求救电话。

③ 如果火势较大，发展较快，应立即远离车辆等待救援。

4. 电池泄漏

当车辆使用或碰撞后，车内有碱液气味、车外有明显碱液流出、电池包内部出现冒烟，说明发生电池泄漏。此时应采取以下措施。

① 将车辆退电至"OFF"挡，并在条件允许情况下断开前舱辅助蓄电池。

② 立即与授权服务店联系处理。

5. 碰撞

如果车辆发生碰撞，请根据实际情况按照以下方法对车辆进行操作。

① 将车辆退电至"OFF"挡，并在条件允许的情况下断开前舱辅助蓄电池。

② 建议立即拨打授权服务店电话请求救援。

③ 条件允许的情况下，可自行进行简单检查，包括动力电池托盘边缘是否有开裂、有无明显液体流出等。

a. 如果发生少量泄漏，应远离火源，使用吸液垫吸附后置于密闭容器中。注意：操作前应佩戴防腐蚀手套。

b. 发生大量泄漏时，应统一收集泄漏物，按照危险化学品处理，可加入葡萄糖酸钙溶液来处理有毒气体。

在进行上述操作时，不要触碰流出的液体。如果人体不慎接触到泄漏液体，应立即用大量水冲洗 $10 \sim 15 min$。如果有疼痛感，可用 2.5% 的葡萄糖酸钙软膏涂敷或用 $2 \% \sim 2.5 \%$ 的葡萄糖酸钙溶液浸泡止痛。若无改善或出现不适症状，应立即就医。

第二节　电动汽车的故障诊断

一、常见的充电故障

常见的充电故障原因及解决方法如表 6-6 所示。

表 6-6　常见的充电故障原因及解决方法

故障状态	可能原因	解决方法
不能交流充电,物理连接完成,已启动充电	电源置于"OK"挡	将电源挡位置于"OFF"挡
	动力电池已充满	动力电池已充满时,充电会自动停止
	环境温度过低或过高,处于特殊环境温度下	在充电前将车辆置于适宜温度的环境内,待温度正常后再充电
	低压电池过放电	寻找其他电源,如搭接其他车辆的低压电池,充电开始后,会同时给动力电池充电
	交流充电器没有正确连接	确认交流充电器的开关已弹起
	车辆或交流充电器有故障	确定仪表板上电池故障警告灯点亮,或是有充电系统故障提示语,停止充电,建议与汽车授权服务店联系
充电中途停止充电	电源断电	电源恢复后,充电会自动重新开始充电
	充电电缆没有连接好	确认充电连接电缆没有虚接
	充电器开关被按下	充电器开关被按下则停止充电,需重新连接充电器,启动充电
	达到预约充电的结束时间	充电前如果没有启动实时充电,且预约充电功能未关闭,则预约结束时间已到,无论动力电池是否充满,充电均会结束
	动力电池温度过高	仪表显示动力电池温度过高警告灯🔋点亮,充电会自动停止,待电池冷却后再充电
	车辆或充电柜有故障	确认充电柜或车辆有故障提示,建议与汽车授权服务店联系
预约充电不能实现,物理连接完成,已启动充电	预约充电时间没有设置	确认保存预约时间完成设置
	充电站直流充电不能预约充电	充电站直流充电没有预约充电功能
	仪表显示时间错误	由于低压电池过放,会导致仪表初始化,确认仪表显示时间与GPS时间一致。电源置于"OK"挡后,5min内,仪表会自动校准时间
	车辆仪表故障	建议与汽车授权服务店联系

二、BMS 常见故障诊断

在电源系统使用过程中,尤其在使用初期,BMS（电池管理系统）经常会出现一些故障。典型的 BMS 常见故障以及其解决措施见表 6-7 所示。

表 6-7　BMS 常见故障情况及解决措施

故障现象	故障原因		排除方法
主控单元无输出	无低压输入电源	整车未供电	要求整车供电
		低压输入电源回路接触不良	检查接触不良点,并加以排除
	CAN 总线线路故障	CAN 总线回路接触不良	检查接触不良点,并加以排除
		主控板外 CAN 电路故障	更换主控板外 CAN 电路板
	主控板故障		更换主控板
主控单元输出电流值异常	电流传感器损坏		更换电流传感器
	电流检测回路接触不良		检查接触不良点,并加以排除
	主控板故障		更换主控板
	电流 A/D 转换电路损坏		更换主控板
	电流采集程序失效		刷新程序
主控单元输出总电压值异常	电压传感器损坏		更换电压传感器
	电压检测回路接触不良		检查接触不良点,并加以排除
	主控板故障		更换主控板
	电压 A/D 转换电路损坏		更换主控板
	电压采集程序失效		刷新程序
	电池包间空气开关未合上		合上
	高压接触器未合上		合上
主控单元输出 SOC 值异常	主控板故障		更换主控板
	SRAM 电路损坏,不保存 SOC 值		更换主控板
	电流传感器损坏,电量不积分		更换电流传感器
	电压传感器损坏,SOC 会修正出错		更换电压传感器
	误差累积		刷新程序
主控单元输出温度值异常	采集单元输出异常		见后面采集单元温度输出异常分析
	采集单元无输出		见后面采集单元无输出的分析
	主控板外 CAN 电路故障		更换主控板外 CAN 电路板
	主控板故障		更换主控板
采集单元无输出	无 24V 输入电源	整车未供电	要求整车供电
		24V 输入电源回路接触不良	检查接触不良点,并加以排除
	CAN 总线线路故障	CAN 总线回路接触不良	检查接触不良点,并加以排除
		采集母板 CAN 电路故障	更换采集母板

续表

故障现象	故障原因	排除方法
采集单元输出温度值异常	温度传感器损坏	更换温度传感器
	温度检测回路接触不良、断路或短路	检查接触不良点,并加以排除
	采集母板故障	更换采集母板
	温度 A/D 转换电路损坏	更换采集母板
	温度采集程序失效	刷新程序
	内 CAN 连接线脱落	检查接触不良点,并加以排除
采集单元输出模块电压值异常	模块电压检测回路接触不良	检查接触不良点,并加以排除
	采集子板与采集母板连接不良	检查接触不良点,并加以排除
	采集子板故障	更换采集子板
	采集母板故障	更换采集母板
采集单元风扇控制异常	散热风扇损坏	更换散热风扇
	风扇电源回路接触不良	检查接触不良点,并加以排除
	采集母板故障	更换采集母板
与多能源或母板通信换效	外 CAN 连接线脱落	检查接触不良点,并加以排除
	外 CAN 电路损坏	更换外 CAN 电路板
	外 CAN 节点数发生变化	根据新的节点数,更换 CAN 电阻
	内 CAN 连接线脱落	检查接触不良点,并加以排除
	内 CAN 电路损坏	更换内 CAN 电路板
系统不工作	无工作电源	提供工作电源
	系统电源电路损坏	更换系统电源电路板
	电源线脱落	检查接触不良点,并加以排除
电池包工作温度异常	电池温度上升,风道通风不畅	检查风道,确保风道通畅
	风机电源线脱落	检查接触不良点,并加以排除
	风机损坏	更换风机
	温度传感器损坏	更换温度传感器
功率能力不足(充放电电压异常)	电池之间连接松动	重新紧固
	长期储存未用	按储存维护进行维护
	电池包内有损坏电池	更换损坏电池
电池包漏电	天气潮湿	—
	电池模块与电池包之间的绝缘层损坏	更换绝缘层
	有电池漏液	清除漏出的液体,更换电池

三、电池组常见故障诊断

1. 电池组容量降低

（1）现象

纯电动汽车使用过程中，出现续航里程短的现象，显示电池容量不足。

（2）原因

① 单体电池电压不一致，容量差异性大，单体电池过早保护。

② 电池组处于寿命后期，容量下降。

③ 电池组出现温度保护。

④ 外围电路存在高能耗负载。

⑤ 电池（镍镉电池）长期浅充电、浅放电，存在记忆效应。

⑥ 放电平台性能过低达不到要求而过早失效。

⑦ 电池组放电环境温度低。

⑧ 长期在超出电池组能力的情况下使用，衰减加快。

（3）故障原因确定

① 确定充电是否正常，每次充电的充电量是否偏低，由于充电量偏低而导致放电容量下降，需要从充电方面去查找故障原因。

② 检查放电环境温度记录，温度低时，放电容量会明显下降。

③ 若电池经过了长期储存，首先应按照维护制度进行维护，再进行使用。

④ 在电池组应用过程中，通过 BMS 检查记录电池组的电压、电流、温度等情况，观察放电末期是由何种原因引起的放电终止（单体电压、温度等），根据引起放电终止的参数进行分析判断。

⑤ 对于存在记忆效应的电池组，如镍镉电池，按照系统的使用说明书或维护手册，进行定期维护，以小电流完全充放电循环 2～3 次，可以消除记忆效应，恢复电池组的容量。

⑥ 某些情况下电路中增加了高耗能负载，会引起电池组放电时间缩短，如开启空调、驻车时未关闭用电设备（车灯等）。长期在超过电池组正常应用能力的状况下使用，电池组的衰减会很快，表现为电池内阻增大，放电电压低。

⑦ 在应用过程中，若某些单体电池长期出现过充电、过放电，则该电池会出现内阻升高、容量降低等现象，使用中还会出现反极等情况，使整组电池放电容量降低，电池组中如果电池短路也会出现这种情况。每一种电池组都有一定的适用电压和电流范围，长期超出其范围内应用，会出现迅速衰减、电池

容量明显降低等现象。

（4）故障处理措施

在车用动力电源系统中，一般单体电池出现故障，如内阻升高、漏液等，已严重影响到电池性能，则建议更换电池，但应做好记录。更换的新电池在随后的应用中会比其他电池表现得性能好一些。

排除外部因素的故障原因，若大部分电池内阻有明显升高，出现电池组容量降低的情况，说明此时电池组寿命已经到末期，已经没有维修意义，建议直接更换电池组。

对于电压不一致，但各单体电压均在正常范围内的情况，通常为电池自放电不一致引起荷电量差别较大，可采用多次充电均衡的方法将电池调整一致。图 6-5 所示为低容量电池组故障处理流程。

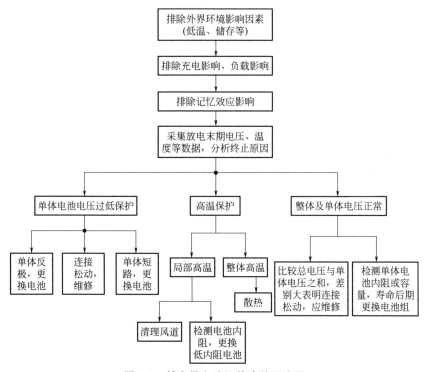

图 6-5　低容量电池组故障处理流程

2. 电池组充电异常

（1）现象

电源系统充电过程中，显示充电电压高、充电时间短或者根本充不进电，且已排除 BMS 问题。

（2）原因分析

① 电池组充电电压过高。

a. 电池或充电环境温度低。

b. 电池寿命后期，内阻增加。

c. 电池实际容量已下降，仍以原来的倍率进行充电（相对充电倍率大）。

d. 电池之间连接松动，连接内阻大。

e. 电池组荷电量已经很高。

f. 充电机故障，充电电流大。

g. 电池组长期储存，首次充电即以较大电流进行。

② 电池组充不进电。

a. 电池内阻增加，或连接松动。

b. 电池组内部出现断路。

c. 电池组内部出现微短路状况。

（3）故障原因确定与故障处理

电池组充电异常故障原因的确定和处理流程与电池组容量降低故障基本相同。首先应排查外部因素，如环境温度和充电机的原因；其次从电源系统方面查找问题，电源系统分 BMS 和电池组，排除 BMS 问题，电池组再分为连接部件问题和单体电池问题，排除连接部件问题；最终检查单体电池的原因。

确定电池使用的环境温度，一般动力电池的充电温度为 0～30℃，若低于 0℃，充电电压会明显升高，温度过低时，电压可能直接上升到保护电压值，根本充不进电。若充电环境温度低，可将电池组放置于室温环境中，搁置足够长时间，对于大型电池组可以用小电流充电使其温度较快回升，室温下充电检查是否能正常充电。

若在正常温度下进行充电，电压仍偏高，可以通过阶跃充电来检查系统的内阻是否明显增大。同时通过 BMS 检测单体电压数据，若有某些电池电压偏大，其他电压正常，则可能是这些电池长期过充电、过放电，造成内阻增大甚至断路，需更换此部分电池。若电压均一性比较好，则检查单体电池电压之和与总电压数据相比是否相差过大，若差别较大表明电池组内部线路连接松动，应进行维修。

若上述均正常，并且排除了充电机故障，则可能是电池组实际容量已经偏低，仍按原来容量的倍率进行充电（相对电流大），电压升高。此时应修改充电制度，以较小电流进行充电。

对于车用动力电源系统，充电过程中应开启通风系统，否则会出现高温保护。

3. 电池组放电电压低

（1）现象

输出功率能力下降，正常电流放电，电压明显下降，荷电量低时不能启动。

（2）原因分析

① 电池内阻增大。

② 电池内部发生微短路或有电池短路，串联数量减少。

③ 电池包内或环境温度低。

④ 连接松动。

⑤ 荷电量低。

⑥ 长期储存未有效活化。

⑦ 部分类型的电池长期浅充电、浅放电，存在记忆效应。

（3）故障原因确定与处理措施

一般放电电压低与充电电压高的原因是一致的，处理方式和处理措施一样。有两个原因不同：一是电池内部发生微短路，或者电池包内部有电池短路，表现在串联电池数量减少，一般微短路的电池充电后搁置时电压会明显降低，或者充电时电压低，在充放电过程中进行监测便可查到这些电池；二是若电源系统本身发生漏电现象，也会出现放电电压低现象，此时检查电池组与车体的电压，找出漏电点，进行排除。电池包内部出现的内短路现象，大多是由于电池漏液等引起的，此时拆开电池包进行检查，清理电池包内部，更换损坏的电池。

4. 自放电过大

（1）现象

车辆经较长时间搁置（如晚上停车），能够较明显感觉电池电量有下降，搁置前后系统 SOC 显示差别过大。

（2）原因分析

① SOC 模型判断不准确。

② 高温储存，时间较长。

③ 系统中有较大的漏电现象。

④ 电路中有耗电较大的设备。

（3）故障原因确定与处理措施

SOC 模型判断不准确，表现为经常性现象，在台架检测时就应当能发现，如停止应用后，搁置较短时间（1～2 天），SOC 显示下降明显，电池实际性能并没有发生变化。高温情况下，电池自放电加大，可以检查电池组的储存环境，直接判断。电池组中部分电池出现微短路等，将电池组放完电后搁置，有明显微短路的电池搁置一段时间（如 2～7 天），电压会明显下降，甚至为 0V。对于搁置后电压有下降，但仍较正常（如镍氢电池电压 1.0V，其他电池电压 1.2V，或者磷酸铁锂电池电压 2.5V，其他 3.0V 以上等）的情况，这些一般不会影响到电池组的正常应用。充满电的电池进行搁置，电压变化会不明显，所以建议放电后进行搁置，有条件的可以高温搁置以缩短搁置时间。

漏电损失受到电池的使用和维护操作的影响，影响的主要因素是电池表面的清洁程度。

电池泄漏，外部空气带来的水分、灰尘等都会在电池表面形成回路，使电池发生漏电。由此引起的电池组自放电是不可预见的，但可以通过良好的维护予以预防。表面漏电往往只影响到电池组中的部分电池，但影响却非常恶劣，因为电池组的容量受电池中容量最低的单体电池的限制，并且部分漏电会引起电池组内部各单体电池荷电状态的不均衡。

电源系统的漏电（与车体之间）往往可以通过漏电保护装置来发现，但电池包内模块的漏电不容易发现，只有参考电池的充放电情况进行判断，拆包进行维护。

系统与车体的漏电点可以通过测量电源系统总正或总负端子对车体的电压进行判断，例如总正端子对车体的电压为 25V，采用的为镍氢电源系统，则可能的漏电点为 25÷2＝12.5，即从总正端子数，第 12 或第 13 个电池漏电。有可能系统存在多个漏电点，此时要一个一个依次排查解决。首先将系统断开，将高压系统分成几个低压系统，分别进行排查。自放电过大故障的维修流程如图 6-6 所示。

5. 电源系统局部高温

（1）现象

车辆行驶过程中，电源系统某部位温度高于其他部位 5℃以上，并且多次表现为同一部位高温。

（2）原因分析

① 冷却通道受阻或该位置的冷却风扇故障。

② 局部连接片松动，连接电阻大。

③ 该部位电池内阻明显增大，产热大。

④ 设计有缺陷，冷却系统存在温度死角。

⑤ 外围局部环境影响。

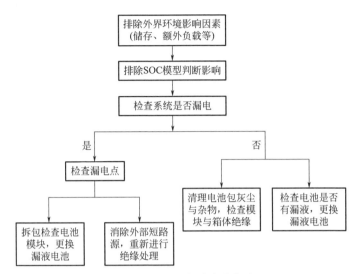

图 6-6　自放电过大故障维修流程

（3）故障原因确定及处理措施

电池组局部高温，除了设计造成的冷却系统存在死角问题外，冷却系统的风扇损坏、进出风口由于灰尘等堵塞是常见的因素。风扇有故障应更换，风道应定期清理。另外，若电池组在应用过程中，外围设备影响电池包局部位置，可能会引起电池包内局部温度过高，如局部位置靠近发动机等。局部高温另一个主要因素是应用过程中局部产生了热源，热源主要是高电阻引起的。引起高电阻的原因一般有两个：一是电池本身内阻加大，充放电过程中产热高；另一方面是连接片或接线端子松动，电阻升高。因此对于主电流回路的线路连接，应定期进行检查，否则松动后很容易出现电弧烧坏接线柱，并且容易影响到电池性能。

6. 电源系统单体电压一致性较差

（1）现象

系统应用或搁置过程中，电压一致性明显变差，经常出现单体电池放电保护或充电保护，而其他电池电压仍较正常的现象。

（2）原因分析

① 长期搁置，电池自放电不一致。

② 系统内部有微短路现象。

③ 有个别电池本身微短路。

④ 长期循环后电池衰减不一致。

（3）故障原因确定与处理措施

单体电池电压一致性差是电源系统应用中最常遇到的问题之一。一致性变差的主要原因是各电池的自放电不一致。在某些应用中，如混合动力电动汽车，电压略有差别并不影响系统的正常使用，只要在使用过程中单体电池的充放电电压达不到上、下限值即可。解决电压一致性差的途径主要靠维护。

7. 电池变形

电池变形一般指电池出现鼓胀，原因是电池内部产生大量气体，不能自身消除，析气速度大大超过气体的复合速度，并且电池泄气阀没有打开或打开滞后。对于镍氢电池或锂电池，电池出现变形，表明电池内部电极已经发生较大的变化，电解液损失（分解）较严重，已经不具有维修价值，需更换电池。此类电池一般内阻比较大。

四、电机常见故障诊断

1. 直流电机常见故障诊断

直流电机常见故障现象、原因及处理方法如表 6-8 所示。

表 6-8　直流电机常见故障现象、原因及处理方法

故障现象	故障原因	故障处理
电机不转	电路不通	检查线路是否正常,保险丝是否熔断,过载保护器是否限位
	过载堵转	减轻负载,消除堵转障碍
	电刷接触不良	检查电刷,并排除故障
	电机烧坏	更换新电机
	控制器故障	检测维修或更换
传动噪声大	电机噪声大,轴承已损坏	拆下电机单独检测判断
	控制器未调好	调试控制器
花键轴或花键套过早磨损	电机轴或套老化	更换
	电机安装不当,造成电机轴弯曲变形	检测维修或更换
	长期过载运行	按正常运行
电机发热冒烟或烧毁	严重超载	减负至规定值
	冷却液不足	按规定添加
	爬坡度或坡道长超过规定值	按规定值运行
	制动器调整不当或使用不当,正常行驶中脚踩着制动踏板	调整制动器,正常行驶不踩制动踏板
	控制器失效	检测维修或更换

续表

故障现象	故障原因	故障处理
换向器、电刷磨损或烧蚀	使用时间长,未进行定期维护	按规定时间进行定期检查,更换电刷
	过载电流太大	降低负载电流至规定值以下
	电机进水、进泥后电刷在刷盒内上下活动不灵活	清除杂物,恢复电刷与换向器的接触
	换向器表面不洁、有油污或其他覆盖物	擦除污物,并用 00 号砂纸磨光换向器外圆

2. 交流同步电机常见故障诊断

交流同步电机（北汽 EV200 电动汽车）常见故障诊断如表 6-9 所示。

表 6-9　交流同步电机（北汽 EV200 电动汽车）常见故障诊断

序号	故障名称	故障码	故障可能原因	解决方法
1	MCU 直流母线过压故障	P114017	①电机系统突然大功率充电 ②高压回路非正常断开	如果总线电压报文与实际电压不相符,则需要检查高压供电回路、高压主继电器等
2	MCU 相电流过流故障	P113119 P113519 P113619 P113719	①负载突然变化、旋变信号故障等导致电流畸变,比如电池或主继电器频繁通断	检查高压回路
			②控制器损坏(硬件故障)	更换控制器
			③控制器采集电压与实际电压不一致	标定电压,刷新控制器程序
3	电机超速故障	P0A4400	①整车负载突然降低,电机转矩控制失效	如重新上电不复现,不用处理
			②电机低压信号线插头连接松动或者退针	检查信号线插头
			③控制器损坏(硬件故障)	更换控制器
4	电机过温故障	P0A2F98	①电机低压信号线插头连接松动或者退针	检查信号线插头
			②冷却系统工作异常	检查冷却液液位、水泵工作状态(冷却管路堵塞或气阻)
			③电机本体损坏(长时间过载运行)	更换电机

续表

序号	故障名称	故障码	故障可能原因	解决方法
5	MCU IGBT 过温故障	P117F98 P117098 P117198 P117298	同电机过温	同电机过温
6	MCU 低压电源欠压故障	U300316	12V 蓄电池电压过低,或者由于 35PIN 线束,控制器低压接口电压过低	检查蓄电池电压,给蓄电池充电;检查控制器低压接口,测量 35PIN 插件 24 脚和 1 脚电压是否低于 9V
7	与 VCU(整车控制器)通信丢失故障	U010087	①未收到整车控制器信号 ②网络干扰严重 ③线束问题	检查 35PIN 线束连接是否正常,检查 CAN 网络是否关闭总线,或者更换控制器
8	电机系统高压暴露故障	P0A0A94	①MCU 电源模块硬件损坏 ②软件与硬件不匹配 ③网络上有部件报出高、低压互锁故障引起	刷新程序或更换控制器
9	电机(噪声)异响		①电磁噪声(高频较尖锐) ②机械噪声,可能是来自减速器、悬置、电机本体(轴承)	①电磁噪声属正常 ②排查确定电机本体损坏,更换电机

第七章

典型电动
汽车的维修

第一节 吉利电动汽车的维修

本节以 EV450 电动汽车为例，介绍吉利电动汽车的维修。

一、动力电池

（1）动力电池规格（表 7-1）

表 7-1 动力电池规格

项目	形式与参数	单位
电池类型	三元材料	—
电池组额定电压	346	V
峰值功率	150kW,持续 10s	kW
额定功率	50	kW
电池组工作电压范围	266～408.5	V
电池容量	150(1C)	A·h

（2）动力电池部件位置（图 7-1）

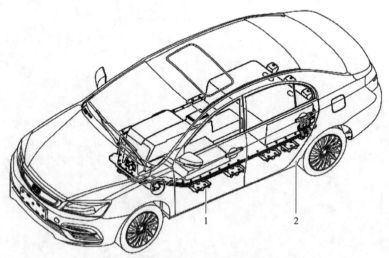

图 7-1 动力电池部件位置
1—动力电池总成；2—车身

（3）动力电池电气原理（图 7-2）

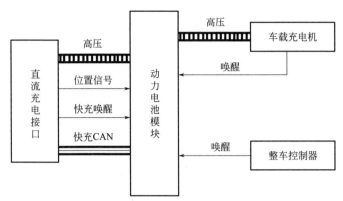

图 7-2　动力电池电气原理

（4）动力电池线束连接器端子位置及含义

① 动力电池低压线束连接器 1 端子位置（图 7-3）及含义（表 7-2）。

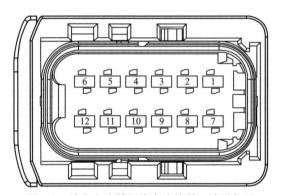

图 7-3　动力电池低压线束连接器 1 端子位置

表 7-2　动力电池低压线束连接器 1 端子含义

端子号	端子定义	颜色
1	常电 12V	R/L(红/蓝)
2	电源接地 GND	B(黑)
3	整车 CAN-H	Gr/O(灰/橙)
4	整车 CAN-L	L/B(蓝/黑)
5	—	—
6	Crosh 信号	L/R(蓝/红)
7	IG2	G/Y(绿/黄)
8	—	—
9	快充插座正极柱温度＋	W/L(白/蓝)

续表

端子号	端子定义	颜色
10	快充插座正极柱温度—	G/Y(绿/黄)
11	诊断接口 CAN-H	L/W(蓝/白)
12	诊断接口 CAN-L	Gr(灰)

② 动力电池低压线束连接器 2 端子位置（图 7-4）及含义（表 7-3）。

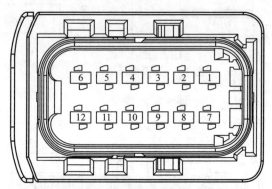

图 7-4　动力电池低压线束连接器 2 端子位置

表 7-3　动力电池低压线束连接器 2 端子含义

端子号	端子定义	颜色
1	快充 CCAN-H	O/L(橙/蓝)
2	快充 CCAN-L	O/G(橙/绿)
3	快充 CC2	Br(棕)
4	快充 wakeup	R(红)
5	快充 wakeup GND	B/R(黑/红)
6	—	—
7	—	—
8	—	—
9	—	—
10	—	—
11	快充插座正极柱温度＋	B/Y(黑/黄)
12	快充插座正极柱温度—	B/W(黑/白)

③ 动力电池高压线束连接器 3 端子位置（图 7-5）及含义（表 7-4）。

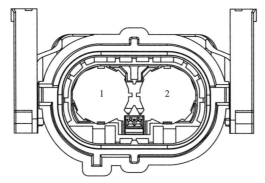

图 7-5 动力电池高压线束连接器 3 端子位置

表 7-4 动力电池高压线束连接器 3 端子含义

端子号	端子定义	端子状态
1	HV−	高压总负
2	HV+	高压总正

④ 动力电池高压线束连接器 4 端子位置（图 7-6）及含义（表 7-5）。

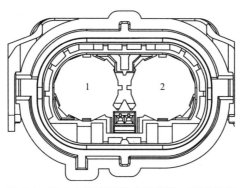

图 7-6 动力电池高压线束连接器 4 端子位置

表 7-5 动力电池高压线束连接器 4 端子含义

端子号	端子定义	端子状态
1	FCHV+	快充总正
2	FCHV−	快充总负

（5）动力电池故障代码（表 7-6）

表 7-6 动力电池故障代码

故障代码	故障描述/条件	故障部位（排除方法）
U3006-16	控制器供电电压低	电池包外部（给 12V 铅酸电池补电）

续表

故障代码	故障描述/条件	故障部位（排除方法）
U3006-17	控制器供电电压高	电池包外部（给 12V 铅酸电池放电）
U3006-29	上高压过程中铅酸电池电压无效	电池包外部（BMU 异常重启，重新上电）
U3472-87	动力 CAN 总线数据丢失	电池包外部（排查整车端外部低压通信线束，检测 ACAN 通信）
U0064-88	动力 CAN-Bus-off	电池包外部（排查整车端外部低压通信线束是否存在开路或断路）
U1500-87	SCAN 电流报文丢失	电池包内部（需要拆包排查 CSU）
U1501-87	电流采集器总线故障	电池包内部（BMU 与 CSU 通信异常，检测 SCAN 通信）
U111487	与整车控制器丢失通信	电池包外部（检测电池包与 VCU 通信）
U111587	与车载充电机丢失通信	电池包外部（检测电池包与车载充电机通信）
U011087	与电机控制器丢失通信	电池包外部（检测电池包与电机控制器通信）
U2472-81	MessageChecksumErrorwithVCU_BMS_Ctrl	电池包外部（检测电池包与 VCU 通信）
U2475-81	MessageChecksumErrorwithIPUMOT_General	电池包外部（检测电池包与 VCU 通信）
P1521-16	单体欠压 1 级	电池包内部（电池充电）
P1522-17	单体过压 2 级	电池包内部（电池放电）
P1522-16	单体欠压 2 级	电池包内部（电池充电）
P1524-09	电流传感器故障	电池包内部（检查 CSU）
P1526-17	电池包总电压过压	电池包内部（电池放电）
P1526-16	电池包总电压欠压	电池包内部（电池充电）
P1529-01	均衡停止原因：均衡回路故障	电池包内部（需要拆包排查均衡回路）
P1529-17	单体电压压差过大	电池包内部（排查电芯一致性）
P152B-21	电池低温 1 级	电池包内部（等待电池升温）
P152B-98	电池过温 1 级	电池包内部（等待电池降温）
P152C-98	电池过温 2 级	电池包内部（等待电池降温）
P152D-00	电池温差过大	电池包内部（电池温度异常）
P152F-1D	电流采样无效	电池包内部（电流采样异常）
P1537-22	预充电流过大	电池包内部（检查预充电阻是否装小）
P1537-29	预充电流反向	电池包外部（继电器外侧电压异常）
P1537-63	预充时间过长	电池包外部（继电器外部带载）
P1537-1E	预充短路	电池包外部（继电器外部有短路）
P1537-63	连续预充失败超过最大次数	电池包外部（继电器外部带载）

故障代码	故障描述/条件	故障部位（排除方法）
P1539-01	主正或预充继电器粘连故障	电池包内部（排查主正或预充继电器）
P1539-07	主正继电器无法闭合故障	电池包内部（排查主正继电器）
P1539-00	主正或主负继电器下电粘连故障	电池包内部（排查继电器）
P153A-01	主负继电器粘连故障	电池包内部（排查主负继电器）
P153E-08	碰撞信号发生（仅有 ACAN 信号）	电池包外部
P153F-12	碰撞信号发生（硬线 PWM）	电池包外部
P1541-00	高压继电器闭合的前提下，绝缘故障（严重）	电池包外部（检查整车绝缘）
P1543-00	高压继电器断开的前提下，绝缘故障（严重）	电池包内部（检查 PACK 绝缘）
P154C-00	电池管理系统意外下电	电池包内部（TBD）
P1553-42	电池管理系统主板随机存储器校验失败	电池包内部（重新上电，不恢复则更换 BMU 板子）
P155E-16	电芯极限欠压	电池包内部（电芯电压异常，更换电池包）
P155E-17	电芯极限过压	电池包内部（电芯电压异常，更换电池包）
P1566-09	温度传感器故障（严重）	电池包内部（更换温度传感器或线束）
P1567-09	电池温度传感器故障	电池包内部（更换 CSC 采样线或模组线或 CSC）
P1567-22	加热时进水口温度过高	电池包外部（需排查整车控制的加热器或其控制器）
P1567-21	冷却时进水口温度过低	电池包外部（需排查整车控制的制冷器或其控制器）
P1580-01	直流充电继电器粘连故障	电池包内部（排查充电正端继电器）
P1580-07	直流充电继电器无法闭合故障	电池包内部（排查充电正端继电器）
P1581-07	放电预充继电器无法闭合故障	电池包内部（排查预充继电器）
P1582-19	放电过流 1 级	电池包外部（检查整车电流）
P1583-19	放电过流 2 级	电池包外部（检查整车电流）
P1584-19	放电过流 3 级	电池包外部（检查整车电流）
P1585-19	充电过流 1 级	电池包外部（检查整车电流）
P1586-19	充电过流 2 级	电池包外部（检查整车电流）
P1587-19	充电过流 3 级	电池包外部（检查整车电流）
P1588-19	回充过流 1 级	电池包外部（检查整车电流）
P1589-19	回充过流 2 级	电池包外部（检查整车电流）
P158A-19	回充过流 3 级	电池包外部（检查整车电流）

故障代码	故障描述/条件	故障部位(排除方法)
P158B-19	单体欠压3级	电池包内部(电池充电)
P158C-19	单体过压3级	电池包内部(电池放电)
P158D-01	主回路高压互锁故障	电池包内外部(检查外部快充、主回路、MSD高压连接器插件和内外部高压线路)
P158F-01	快充回路高压互锁故障	电池包内外部(检查外部快充、主回路、MSD高压连接器插件和内外部高压线路)
P1590-13	高压回路断路	电池包内外部(先更换MSD保险丝,如果还报该故障检查高压回路其他地方哪里有断路)
P1591-13	电芯电压采样线掉线	电池包内部(检测CSC采样线)
P1591-8F	均衡停止原因:CMC PCB板载温度过高	电池包内部(需要分析PCB板过温原因)
P1592-98	电池过温3级	电池包内部(等待电池降温)
P1593-21	电池低温3级	电池包内部(等待电池升温)
P1594-21	电池老化:电池健康状态过低(告警级别)	电池包内部(电芯有老化,建议更换电池包)
P1595-21	电池老化:电池健康状态过低(故障级别)	电池包内部(电芯寿命达到,更换电池包)
P1596-00	电压传感器故障	电池包内部(更换CSC或线束)
P1597-29	继电器外侧高压大于内侧高压	电池包外部(继电器外部电压异常,下电后再上电)
P1598-01	电流传感器零漂过大故障	电池包内部(TBD)
P1599-01	热管理故障:入水口温度传感器故障	电池包内部(检测进水温度传感器)
P159A-01	充电口温度传感器故障	电池包外部(需排查极柱温度传感器状态)
P159B-22	充电口过温	电池包外部(需排查极柱温度)
P159C-00	快充预充失败	电池包外部(需排查充电桩)
P159D-01	充电故障:快充设备故障	电池包外部(检测充电机)
P159E-01	充电故障:车载充电机故障	电池包外部(检测车载充电机)
P15D2-94	整车非期望的整车停止充电	电池包外部(需排查整车控制器逻辑)
P15D3-83	充电机与BMS功率不匹配故障(无法充电)	电池包外部(请核实充电桩充电电压范围和Pack电压范围是否匹配)
P15D4-94	VCU在BMS发生3级故障后90s没发shout-down	电池包外部(需排查VCU信号)
P15D5-19	充电时放电电流大于40A	电池包外部(外部负载过大,下电减小负载,正常后再上电)
P15D6-94	VCU在BMS发生4级故障后5s没发shout-down	电池包外部(需排查VCU信号)

故障代码	故障描述/条件	故障部位(排除方法)
P15D7-29	上高压过程中 Link 电压采样失效	电池包内部(TBD)
P15D8-29	上高压过程中 Pack 采样失效	电池包内部(TBD)
P15D967	预充后未收到 IPU 预充完成标志	电池包外部(检测电池包与 VCU 通信)
P15DA67	菊花链不更新故障	电池包内部(电池包内部通信异常,检测 CCAN 通信)
P15DB94	BMU 非预期的重启故障	电池包内部(BMU 异常重启,重新上电)
P15DC28	低温离群	电池包内部(需要拆包排查温度传感器)
P15DD64	SOC 不合理	电池包内部(TBD)
P15E094	充电故障,快充设备异常终止充电	电池包外部(检测充电机)
P15E101	热管理故障,出水口温度传感器故障	电池包内部(检测进水温度传感器)
P15E201	热管理故障,热管理结束时温差过大	电池包内部(TBD)
P15E319	下电过程中继电器断开电流大于 1A	电池包内部(TBD)

(6) 动力电池故障诊断数据流 (表 7-7)

表 7-7 动力电池故障诊断数据流

DID 描述	正常范围	单位
BatteryVoltage 电池包电压	0~600	V
BusVoltage 母线电压	0~600	V
DCChrgPosVol 充正继电器外侧电压	0~600	V
BatteryCurrent 母线电流	−500~500	A
PeakChgPwr10 10s 充电功率	0~254	kW
ContChgPwr30 30s 充电功率	0~254	kW
PeakDChgPwr10 10s 放电功率	0~254	kW
ContDChgPwr30 30s 放电功率	0~254	kW
ChrgCurrentReq 快充请求电流	0~500	A
CellUsum 累加和	0~600	V
CellTemMax 单体最高温度	−40~125	℃
CellTemMax_Num 单体最高温度位置	1~34	—
CellTemMin 单体最低温度	−40~125	℃
CellTemMin_Num 单体最低温度位置	1~34	—
CellTemAvg 平均温度	−40~125	℃
CellVolMin 单体最低电压	0~5000	mV
CellVolMin_Num 单体最低电压位置	1~95	—

DID 描述	正常范围	单位
CellVolMax 单体最高电压	0～5000	mV
CellVolMax_Num 单体最高电压位置	1～95	—
SOC_Max 最大 SOC	0～100	%
SOC_Min 最小 SOC	0～100	%
DisplaySOC 显示 SOC	0～100	%
SOH 健康状态	0～100	%
MainHVILSt 主回路高压互锁状态	0～3	—
FastChgHVLst 快充回路高压互锁状态	0～3	—
HVIL1VolOutside 主回路高压互锁外侧电压	0～5000	mV
HVIL1VolInside 主回路高压互锁内侧电压	0～5000	mV
HVIL2VolOutside 快充回路高压互锁外侧电压	0～5000	mV
HVIL2rolInside 快充回路高压互锁内侧电压	0～5000	mV
IsoResPos 正极绝缘值	0～65534	K
IsoResNeg 负极绝缘值	0～65534	K
SupplyVol 供电电源电压	0～12000	mV
Keyon 钥匙信号	0～12000	mV
DCWakeupVol 快充唤醒源电压	0～12000	mV
CC2Vol CC2 电压值	0～5000	mV
ReceiveCRM00Timeout CRM00 超时标志	0～1	—
ReceiveCRMAATimeout CRMAA 超时标志	0～1	—
ReceiveCTSOrCML Timeout CTS 或 CML 超时标志	0～1	—
ReceiveCROTimeout CRO 超时	0～1	—
ReceiveCCSTimeout CCS 超时	0～1	—
ReceiveCSTNoManualStop 接收到 CST（非人工停止）	0～1	—
ChargerMaxOutPutVol 充电桩最大输出电压	0～750	V
ChargerMinOutPutVol 充电桩最小输出电压	0～750	V
ChargerCurr CCS 输出电流值	0～500	A
ChargerVoltage CCS 输出电压值	0～600	V
DCChargerTem 充电插座温度	−40～125	℃
InletWaterTem 进水口温度	−40～125	℃

续表

DID 描述	正常范围	单位
OutletWaterTem 出水口温度	−40~125	℃
BMSstMode BMS 状态	0~15	—
BalanceActive 均衡开启状态	0~5	—
ThermalManageReq 热管理开启状态	0~5	—
BookchargeReq 预约充电开启状态	0~3	—
IntelligentChargeReq 智能补电开启状态	0~3	—
PCBMaxTem PCB 最大温度	−40~125	℃
VehicleSpeed 车速	0~200	km/h
TotalOdometer 总里程	0~1048574	km
ForceOpenRelaytime 强制切断继电器次数	0~255	—
Accumulated Battery Pack Discharge Capacity 电池包累计放电容量	0~740000	A·h
Accumulated Battery Pack Charge Capacity 电池包累计充电容量	0~740000	A·h

二、高压配电系统

（1）高压配电系统部件位置（图 7-7）

图 7-7　高压配电系统部件位置

1—车载充电机；2—直流母线；3—交流充电接口；4—直流充电接口

（2）高压配电系统电气原理（图7-8）

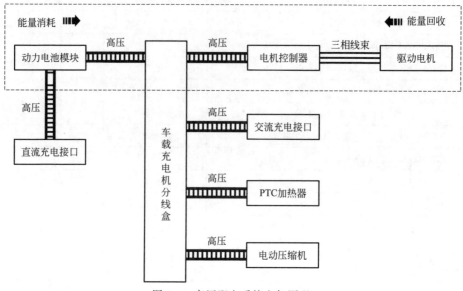

图7-8　高压配电系统电气原理

三、电机控制系统

（1）电机控制器技术数据（表7-8）

表7-8　电机控制器技术数据

项目	参数	单位
额定功率	42	kW
峰值功率	120	kW
额定转矩	105	N·m
峰值转矩	250	N·m
最高转速	12000	r/min
电机旋转方向	从轴伸端看电机逆时针旋转	—
温度传感器类型	NTC	—
温度传感器型号	SEMITEC 103NT-4(11-C041-4)	—
冷却液类型	50%水＋50%乙二醇	—
冷却液流量要求	2～6	L/min

（2）电机控制系统部件位置（图7-9）

图 7-9　电机控制系统部件位置

1—驱动电机；2—电机控制器

（3）电机控制器低压线束连接器端子位置（图 7-10）及含义（表 7-9）

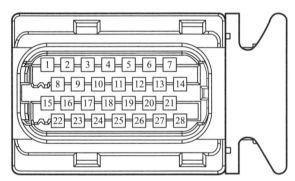

图 7-10　电机控制器低压线束连接器端子位置

表 7-9　电机控制器低压线束连接器端子含义

端子号	端子定义	线径/mm², 颜色
1	高压互锁输入	0.5, Br
2	—	—
3	—	—
4	高压互锁输出	0.5, W
5	温度传感器输入	0.5, Br/W
6	温度传感器接地	0.5, R
7	温度传感器输入	0.5, L/R

续表

端子号	端子定义	线径/mm², 颜色
8	—	—
9	—	—
10	屏蔽线接地	0.5, B
11	接地	0.5, B
12	—	—
13	温度传感器接地	0.5, W/G
14	唤醒输入	0.5, L/W
15	resovler+EXC	0.5, G
16	resovler+COSLO	0.5, P
17	resovler+SINLO	0.5, W
18	—	—
19	—	—
20	CAN-H	L/R
21	CAN-L	0.5, Gr/O
22	resovler-EXC	0.5, O
23	resovler+COSHI	0.5, L
24	resovler+SINHI	0.5, Y
25	KL15	0.5, R/B
26	KL30	0.5, R/Y
27	调试 CAN-H	0.5, P/W
28	调试 CAN-L	0.5, B/W

（4）电机控制系统故障代码（表 7-10）

表 7-10　电机控制系统故障代码

故障代码	故障描述	排除方法
P1C0300	drive 模式下 DFW 时钟检测	更换 PEU 硬件
P060600	CPLD 时钟检测	
P06B013	IGBT 驱动芯片电源故障	
P1C0619	IGBT 上桥臂短路故障	
P0C0100	硬件过流故障	
PIC0819	IGBT 下桥臂短路故障	
P0C7900	母线电压硬件过压	
P1C1500	Inverter 内部 5V 过压	

续表

故障代码	故障描述	排除方法
P060400	检测 CAN Ram 读写是否正常	更换 PEU 硬件
P1C0100	正常输出时 70K DFW 时钟检测	
P1C0200	紧急输出时 25K DFW 时钟检测	
P0A1B01	CY320 与主控芯片的 SPI 通信不正常故障	
U007388	hybrid CAN 发生 BUSoff 故障	电动机控制器通信故障
U007387	hybrid CAN 发生 timeout 故障	
P064300	VDD30 电压过压故障	更换 PEU 硬件
P064200	VDD30 电压欠压故障	
P065300	VDD5G1 电压过压故障	
P065200	VDD5G1 电压欠压故障	
P0A1B47	看门狗故障	
P140000	被动放电超时故障	
P1C0001	主动短路不合理故障	
P150500	检测 IGBT 开路是否成功	
P0C5300	Sine/co sine 输入信号消波故障	驱动电动机旋变信号故障
P0C511C	Sine/co sine 输入信号超过电压阈值	
P0C5200	sine/co sine 输入信号低于电压阈值	
P0A4429	跟踪误差超过阈值	
P170900	输入转速信号超过芯片最大跟踪速率	
P0C7917	母线电压最大值大于阈值	更换 PEU 硬件
P130000	看门狗反馈的错误计算器的合理性检测	
P130200	转矩监控模块的输入部分检查、转矩计算检查、第一层和第二层转矩合理性检查、转矩比较、关断路径等	
P130700	监控层两条独立计算转矩的路径的计算结果比较	
P0A9000	电流控制不合理故障	驱动电动机三相线束故障
P0BE500	U 相电流幅值不合理故障	更换 PEU 硬件
P0BE800	U 相电流过大故障	
P0BE700	U 相电流过小故障	
P180000	U 相电流中心线偏移量不合理故障	
P0BFD00	三相电流之和不合理故障	
P0BE900	V 相电流幅值不合理故障	
P0BEC00	V 相电流过大故障	

续表

故障代码	故障描述	排除方法
P0BEB00	V 相电流过小故障	更换 PEU 硬件
P180100	V 相电流中心线偏移量不合理故障	
P0BED00	W 相电流幅值不合理故障	
P0BF000	W 相电流过大故障	
P0BEF00	W 相电流过小故障	
P180200	W 相电流中心线偏移量不合理故障	
P0C4E99	初始位置标定处于加速阶段,加速至阈值频率的时间超过时间阈值	电动机转子偏移角检查
P170000	初始位置标定处于 Fw 阶段,标定停留时间超过时间阈值	
P040100	CAN 所接收的目标工作状态超过定义范围	更换 PEU 硬件
P062F42	检测 EEPRom 的擦除操作是否可以正确完成	
P062F43	EEPRom 读取不成功故障	
P062F45	EEPRom 写入不成功故障	
U120000	ID 1B6 接收超时	电动机控制器通信故障
U120100	ID 1B6 长度错误	
U120200	ID 1B6 校验和错误	
U120300	ID 1B6 循环计数错误	
P150700	电动机超速故障	驱动电动机旋变信号故障
P056200	蓄电池电压欠压故障	电动机控制器低压供电回路故障
P1C1400	蓄电池电压不合理故障	更换 PEU 硬件
U120400	ID 1CA 接收超时	电动机控制器通信故障
U120500	ID 1CA 长度错误	
U120600	ID 1CA 校验和错误	
U120700	ID 1CA 循环计数错误	
U120800	ID 364 接收超时	
U120900	ID 364 长度错误	
U120A00	ID 364 校验和错误	
U120B00	ID 364 循环计数错误	
P170100	offset 角不合理故障	电动机转子偏移角检查
P170200	offset 角状态无效故障	
P0A9300	冷却水过温故障	电动机过温故障

续表

故障代码	故障描述	排除方法
P0AEF00	U 相 IGBT 温度值大于阈值	更换 PEU 硬件
P0AF000	U 相 IGBT 温度值小于阈值	
P0AED00	U 相 IGBT 温度值与 V 和 W 相之差大于阈值	
P0AF400	V 相 IGBT 温度值大于阈值	
P0AF500	V 相 IGBT 温度值小于阈值	
P0AF200	V 相 IGBT 温度值与 V 和 W 相之差大于阈值	
P0BD300	W 相 IGBT 温度值大于阈值	
P0BD400	W 相 IGBT 温度值小于阈值	
P0BD100	W 相 IGBT 温度值与 V 和 W 相之差大于阈值	
P190000	IGBT 过温故障	
P0A2C00	定子温度最大值超过阈值	电动机过温故障
P0A2D00	定子温度最小值小于阈值	
P0A2B00	定子温度过温故障	更换 PEU 硬件
P0A2B01	定子温度不合理故障	
P1C0513	DFW 时钟不合理故障	
P0A8E00	12V 电压传感器值大于设定值	
P0A8D00	12V 电压传感器值小于设定值	
P056300	蓄电池电压过压故障	电动机控制器低压供电回路故障
P0C7600	主动放电超时	更换 PEU 硬件
U110000	ID 230 BMS_general 帧超过一段时间	电动机控制器通信故障
U110100	ID 230 BMS_general DLC 长度错误	
U110200	ID 230 BMS_general 校验和错误	
U110300	ID 230 BMS_general 循环计数错误	
U110400	ID 2A6 帧接收超过一段时间	
U110500	ID 2A6 长度错误	
P069900	VDD5_Z 电压过压故障	更换 PEU 硬件
P069800	VDD5_Z 电压欠压故障	
P110300	Buck 模式下输入输出电流的合理性检查	
P110500	低压输出电流初始值零值确认	
P110A00	低压端过流检测	
P111300	DC/DC 未知故障	
P111600	高压输入端电流 AD 值范围检测（小于阈值）	
P111C00	严重故障确认故障次数超限	

续表

故障代码	故障描述	排除方法
P112D00	模式转换超时	更换 PEU 硬件
U100D00	DC/DC 模式接收 ElmarCAN 信号超时	
P110600	低压输出电流 AD 值范围检测(大于阈值)	
P110700	低压输出电流 AD 值范围检测(小于阈值)	
P111400	高压端电流传感器零漂故障	
P111500	高压输入端电流 AD 值范围检测(大于阈值)	
P111A00	DC/DC peak 硬件过流	
P111E00	B+/B-连接检查	
P111F00	非能量传递状态输入/输出电流超限故障	
P112B00	DBC 过温检测	
P113000	PCB 温度检测 AD 值范围检测(大于阈值)	
P113100	PCB 温度检测 AD 值范围检测(小于阈值)	
P113400	PCB 过温检测	
P113500	输出电压控制检查	
P113600	低压端输出与蓄电池连接断开故障	
P113700	输出电压检测 AD 值范围检测(大于阈值)	
P113800	输出电压检测 AD 值范围检测(小于阈值)	
P113B00	低压网络电压过压	
P113D00	输出电压超调检测	
P113F00	低压网络电压欠压	
P114D00	高压端过压检测	电动机控制器高压供电回路故障
P115000	高压端欠压检测	更换 PEU 硬件
P115200	驱动板供电欠压故障	
U130000	ID 2A8 接收超时	电动机控制器通信故障
U130100	ID 2A8 长度错误	
U130200	ID 2A8 校验和错误	
U130300	ID 2A8 循环计数错误	
P150100	转子角无效时,检测转子转速是否在规定范围内	更换 PEU 硬件
P1C1600	PEU 计数校验错误	
P06A500	内部电压 VDD5G3 过高	
P06A400	内部电压 VDD5G3 过低	
P1C0F00	PEU 硬件故障	
P170C00	resolver 状态错误	
P130100	监控电动机转子角度	

故障代码	故障描述	排除方法
P130300	监控电动机转速	
P130400	监控相电流	
P130500	监控电动机控制模式	
P130600	监控 CAN 收到消息出错	
P130800	监控层转矩是否合理	
P130900	监控层转矩是否在限制范围	
P130A00	监控 damping 转矩是否合理	
P111900	高压端过流故障	更换 PEU 硬件
P113C00	输出电压硬件过压	
U100100	DDC100 接收超时	
U100500	DDC10 接收超时	
U100700	DDC11 接收超时	
U1009000	DDC12 接收超时	
U100B00	DDCInfo 接收超时	
P130B00	监控直流母线电压	
P130C00	resolver 初始化错误	
U110600	ID 2A6 校验和错误	电动机控制器通信故障
U110700	ID 2A6 循环计数错误	
P171000	角度跳变故障	
P171100	信号失配错误	
P171200	配置错误	驱动电动机旋变信号故障
P171300	奇偶校检错误	
P171400	锁相错误	
P170C00	传感器所测频率与计算频率之差绝对值大于阈值	
P1B0000	内部电源 1 过压	
P1B0100	内部电源 1 欠压	更换 PEU 硬件
P1B0200	内部电源 3 过压	
P1B0300	内部电源 3 欠压	

四、驱动电机

（1）驱动电机技术数据（表 7-11）

表 7-11　驱动电机技术数据

项目	参数	单位
额定功率	42	kW
峰值功率	120	kW
额定转矩	105	N·m
峰值转矩	250	N·m
额定转速	4200	r/min
峰值转速	12000	r/min
电机旋转方向	从轴伸端看电机逆时针旋转	—
温度传感器类型	NTC	—
温度传感器型号	SEMITEC 13-C310	—
冷却液类型	乙二醇型防冻液,冰点≤-40℃	—
冷却液流量要求	8	L/min

（2）驱动电机线束连接器端子位置（图 7-11）及含义（表 7-12）

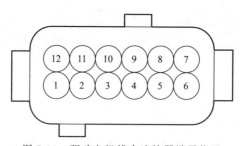

图 7-11　驱动电机线束连接器端子位置

表 7-12　驱动电机线束连接器端子含义

端子号	端子定义	颜色	端子状态
1	NTC 温度传感器 1+	L/R	—
2	NTC 温度传感器 1-	R	—
3	NTC 温度传感器 2+	Br/W	—
4	NTC 温度传感器 2-	W/G	—
5	屏蔽接地	B	—
6	屏蔽接地	B	—
7	COSL	P	旋变余弦
8	COS	L	旋变余弦
9	SINL	W	旋变正弦
10	SIN	Y	旋变正弦

续表

端子号	端子定义	颜色	端子状态
11	REFL	O	旋变励磁
12	REF	G	旋变励磁

五、充电系统

（1）车载充电机技术数据（表 7-13）

表 7-13　车载充电机技术数据

项目	参数	单位
输入电压	90～264	V
输入频率	50±2％	Hz
输入最大电流	16	A
输出电压	直流 200～450	V
输出最大功率	6.6	kW
输出最大电流	32	A
效率	≥93％	—
质量	10.5	kg
工作温度	—40～80	℃
冷却液类型	50％水＋50％乙二醇	—
冷却液流量要求	2～6	L/min

（2）充电系统部件位置（图 7-12）

图 7-12　充电系统部件位置

1—车载充电机；2—驱动电机控制器；3—交流充电接口；4—直流充电接口；5—交流充电接口应急解锁

（3）充电系统电气原理（图 7-13）

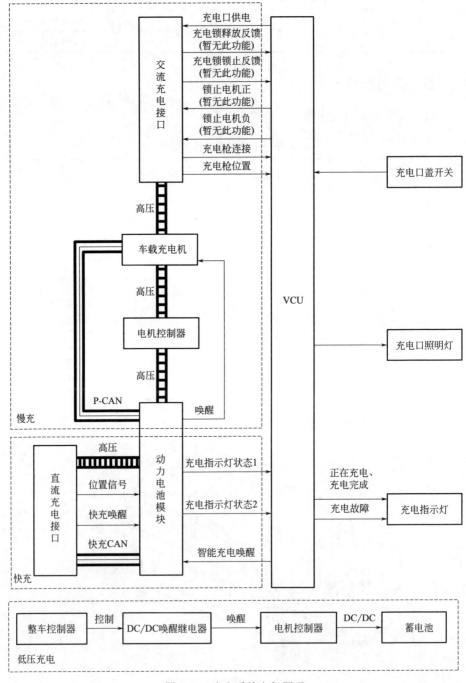

图 7-13　充电系统电气原理

（4）车载充电机线束连接器端子位置（图 7-14）及含义（表 7-14）

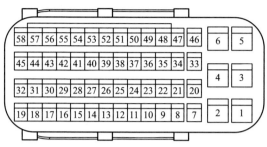

图 7-14 车载充电机线束连接器端子位置

表 7-14 车载充电机线束连接器端子含义

端子号	端子定义	颜色	端子状态
1	—	—	—
2	—	—	—
3	—	—	—
4	KL30	R	—
5	—	—	—
6	接地	B	—
7	—	—	—
8	—	—	—
9	—	—	—
10	—	—	—
11	—	—	—
12	—	—	—
13	—	—	—
14	—	—	—
15	—	—	—
16	—	—	—
17	充电口温度检测 1 接地	B/W	—
18	—	—	—
19	唤醒	0.5 Y/B	慢充唤醒信号
20	—	—	—
21	—	—	—
22	—	—	—
23	—	—	—

续表

端子号	端子定义	颜色	端子状态
24	—	—	—
25	—	—	—
26	高压互锁入	W	—
27	高压互锁出	Br/B	—
28	—	—	—
29	—	—	—
30	电子锁状态	W/R	—
31	—	—	—
32	—	—	—
33	—	—	—
34	充电口温度检测 1	B/Y	—
35	—	—	—
36	—	—	—
37	—	—	—
38	—	—	—
39	CC 信号检测	O	—
40	—	—	—
41	对应灯具 2 脚	P/B	—
42	—	—	—
43	—	—	—
44	电子锁正极	W/L	—
45	—	—	—
46	—	—	—
47	对应灯具 3 脚	L	—
48	—	—	—
49	对应灯具 4 脚	O/G	—
50	CP 信号检测	V/B	—
51	—	—	—
52	—	—	—
53	—	—	—
54	CAN-L	L/B	—
55	CAN-H	Gr/O	—

续表

端子号	端子定义	颜色	端子状态
56	—	—	—
57	电子锁负极	W/B	—
58	—	—	—

（5）充电系统故障代码（表 7-15）

表 7-15　充电系统故障代码

故障诊断代码	说明
U300616	控制器供电电压低
U300617	控制器供电电压高
U007300	CAN 总线关闭
U011287	与高压电池控制器通信丢失
U021487	与 PEPS 控制器通信丢失
U015587	与组合仪表通信丢失
U012287	与车身稳定系统通信丢失
U014687	与网关通信丢失
P1A8019	直流输出电流过高
P1A8017	OBC 关闭，由于输入电压过高
P1A8016	OBC 关闭，由于输入电压过低
P1A8403	CP 在充电机的内部测试点占空比异常
P1A841C	CP 在充电机的内部 6V 测试点电压异常（S2 关闭以后）
P1A851C	CP 在充电机的内部 9V 测试点电压异常（S2 关闭以前）
P1A8538	CP 在充电机的内部测试点频率异常（S2 关闭以前）
P1A8617	输出电压过高关机
P1A8616	输出电压过低关机
P1A8698	温度过高关机
P1A8719	输入过载
P1A8806	自检故障
P1A8898	交流插座过温关机
P1A8811	充电机输出短路故障
P1A8998	热敏电阻失效故障
P1A881C	充电连接故障

（6）充电系统故障诊断数据流（表 7-16）

表 7-16   充电系统故障诊断数据流

DID 描述	正常范围	单位
ECU Power Voltage ECU 电压	9～16	V
Occurrence Counter 故障发生计数器	0～255	time
The Odometer Of First Malfunction 第一次发生故障时汽车里程	—	km
The Odometer Of Last Malfunction 最后一次发生故障时汽车里程	—	km
Charger handle detected CC 检测	—	—
Pilot control signal detected CP 检测	—	—
Locking motor status 电子锁电机状态	—	—
Actual input current from AC Grid 电网输入电流	0～16	A
Actual input voltage from AC Grid 电网输入电压	0～264	V
Actual output current from charger 充电机输出电流	0～12	A
Actual output voltage from charger 充电机输出电压	0～420	V
CP voltage 引导电路电压	0～16	V
CP duty 引导电路占空比	0～100	%
CP Frequency 引导电路周期	0～1050	Hz

六、减速器

（1）减速器部件位置（图 7-15）

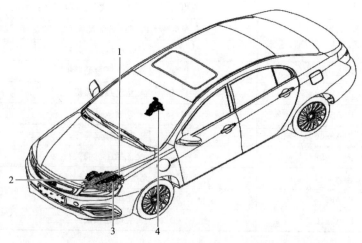

图 7-15   减速器部件位置

1—减速器控制器（TCU）；2—减速器；3—驻车电机；4—电子换挡器

（2）减速器部件分解（图7-16）

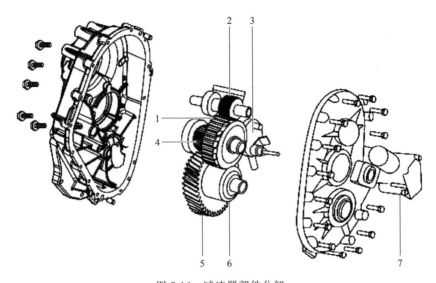

图 7-16　减速器部件分解

1—中间轴输入齿轮；2—输入轴齿轮；3—驻车棘爪；4—中间轴
输出齿轮；5—输出轴齿轮；6—差速器；7—驻车电机

（3）减速器电气原理（图7-17）

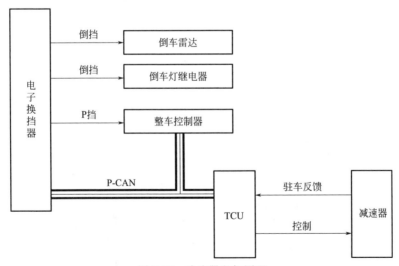

图 7-17　减速器电气原理

（4）减速器线束连接器端子位置

① 电子换挡器线束连接器端子位置（图7-18）及含义（表7-17）。

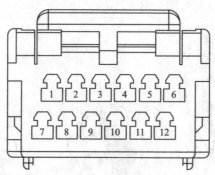

图 7-18　电子换挡器线束连接器端子位置

表 7-17　电子换挡器线束连接器端子含义

端子号	端子定义	颜色	端子状态	规定条件 （电压、电流、波形）
1	KL30	R/Y	电源	12V
2	KL15	W/G	电源	12V
3	P POSITION INDICATION OUTPUT	G/B	—	—
4	CAN-H	GR/O	总线高	—
5	CAN-L	BL/B	总线低	—
6	LIN	V/Y	数据线	—
7	—	—	—	—
8	—	—	—	—
9	—	—	—	—
10	GND	B	接地	负极
11	—	—	—	—
12	—	—	—	—

② TCU（减速器控制器）线束连接器端子位置（图 7-19）及含义（表 7-18）。

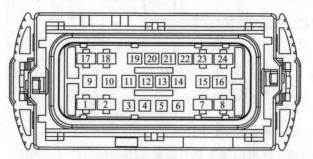

图 7-19　TCU（减速器控制器）线束连接器端子位置

表 7-18 TCU（减速器控制器）线束连接器端子含义

端子号	端子定义	颜色	端子状态	规定条件 （电压、电流、波形）
1	MOTOR CNTRL PARK-UNPARK	O	电机控制驻车 换到解除驻车	—
2	MOTOR CNTRL PARK-UNPARK	O	电机控制驻车 换到解除驻车	—
3	—	—	—	—
4	—	—	—	—
5	—	—	—	—
6	—	—	—	—
7	GND	B	接地	负极
8	GND	B	接地	负极
9	—	—	—	—
10	—	—	—	—
11	MOTOR POSITION COMMON	Y/W	驻车电机公共端	—
12	MOTOR POSITION 1	O/W	电机位置1	—
13	MOTOR POSITION 3	W	电机位置3	—
14	P CAN-H	Gr/O	总线高	—
15	P CAN-L	L/B	总线低	—
16	—	—	—	—
17	MOTOR CNTRL UNPARK-PARK	Y	电机控制解除 驻车换到驻车	—
18	MOTOR CNTRL UNPARK-PARK	Y	电机控制解除 驻车换到驻车	—
19	MOTOR POSITION 3	W	电机位置3	—
20	—	—	—	—
21	MOTOR POSITION 2	Br	电机位置2	—
22	MOTOR POSITION 4	V	电机位置4	—
23	B+	R	电源	12V
24	B+	R	电源	12V

（5）TCU 故障代码（表 7-19）

表 7-19　TCU 故障代码

故障诊断代码	说明
U007300	CAN 总线关闭
U011087	IPU 报文丢失
U111487	VCU 报文丢失
U012287	ESC 车速消息丢失
U021487	PEPS 消息丢失
U041181	IPU 数据无效
U140481	VCU 数据无效
U051581	PEPS 数据无效
U041681	ESC 车速数据无效
U249683	IPU 校验位无效
U24A883	VCU 校验位无效
U241883	PEPS 检验位无效
U241283	ESC 车速校验位无效
U349682	IPU 信号序列错误
U34A882	VCU 信号序列错误
U341882	PEPS 信号序列错误
U341282	ESC 车速信号序列错误
C180001	换挡电机编码器位置无效
C180111	换挡电机编码器对地短路
C180213	换挡电机电路开路
C180312	换挡电机电路对电源短路
C180411	换挡电机电路对地短路
U300616	系统欠压
U300617	系统超压
U130055	功能配置

（6）TCU 故障诊断数据流（表 7-20）

表 7-20　TCU 故障诊断数据流

DID 描述	正常范围	单位
System Voltage/系统供电电压	9～16	V
Motor Position Grey Code/P 挡换挡电机编码器码值	0～15	—

续表

DID 描述	正常范围	单位
System Operating Mode/系统操作模式	0-Unknown/未知 1-Park/驻车 2-Transition To UnPark/过渡至非驻车(启动)	—
ePark Motor Position/P 挡换挡电机位置	0-Not Initialized/未初始化 1-Unknown/未知 2-Park Endstop/驻车停止 3-Park/驻车 4-Between Park and UnPark/介于驻车与启动之间 5-UnPark/启动 6-UnPark Endstop/启动停止	—
Stuck in UnPark/P 挡是否卡滞在解锁位置	0 False/否 1 True/是	—
Stuck in Park/P 挡是否卡滞在驻车位置	0 False/否 1 True/是	—
Vehicle Speed/车速	0～360	KPH(km/h)

第二节　比亚迪电动汽车的维修

一、比亚迪 e5

1. 电池管理系统 ECU 端子检测

比亚迪 e5 采用分布式电池管理系统，由电池管理控制器（BMC）、电池信息采集器、电池采样线组成。电池管理控制器的主要功能有充放电管理、接触器控制、功率控制、电池异常状态报警和保护、SOC/SOH 计算、自检以及通信功能等；电池信息采集器的主要功能有电池电压采样、温度采样、电池均衡、采样线异常检测等；动力电池采样线的主要功能是连接电池管理控制器和电池信息采集器，实现二者之间的通信及信息交换。电池管理系统 ECU 端子分布如图 7-20 所示。

电池管理系统连接端子定义与技术数据见表 7-21。

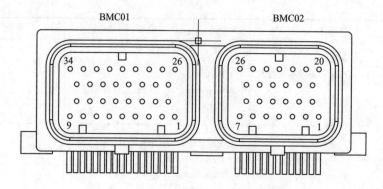

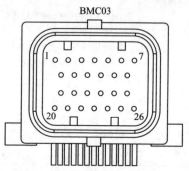

图 7-20 电池管理系统连接端子

表 7-21 电池管理系统连接端子定义与技术数据

连接端子	端子描述	线色	条件	正常值
BMC01-1～GND	高压互锁输出信号	W	ON 挡/OK 挡/充电	PWM 脉冲信号
BMC01-2～GND	一般漏电信号	L/W	一般漏电	
BMC01-6～GND	整车低压接地	B	始终	
BMC01-9～GND	主接触器拉低控制信号	Br	整车上高压电	小于 1V
BMC01-10～GND	严重漏电信号	Y/G	严重漏电	
BMC01-14～GND	12V 蓄电池正	G/R	ON 挡/OK 挡/充电	9～16V
BMC01-17～GND	主预充接触器拉低控制信号	W/L	预充过程中	小于 1V
BMC01-26～GND	直流霍尔信号	W/B	电源 ON 挡	0～4.2V
BMC01-27～GND	电流霍尔＋	Y/B	—	9～16V
BMC01-28～GND	直流霍尔屏蔽接地	Y/G	—	—
BMC01-29～GND	电流霍尔－	R/G	ON 挡/OK 挡/充电	9～16V
BMC01-30～GND	整车低压接地	B	始终	小于 1V
BMC01-31～GND	仪表充电指示灯信号	G	充电时	

续表

连接端子	端子描述	线色	条件	正常值
BMC01-33～GND	直流充电正负极接触器拉低控制信号	Gr	—	小于 1V
BMC01-34～GND	交流充电接触器控制信号	G/W	始终	小于 1V
BMC02-1～GND	12V DC 电源正	R/B	电源 ON 挡/充电	11～14V
BMC02-4～GND	直流充电感应信号	Y/R	充电时	
BMC02-G～GND	整车低压接地	B	始终	
BMC02-7～GND	高压互锁输入信号	W	ON 挡/OK 挡/充电	PWM 脉冲信号
BMC02-11～GND	直流温度传感器高	G/Y		2.5～3.5V
BMC02-13～GND	直流温度传感器低	R/W	—	
BMC02-14～GND	直流充电口 CAN2H	P		
BMC02-15～GND	整车 CAN1H	P	ON 挡/OK 挡/充电	1.5～2.5V
BMC02-16～GND	整车 CAN 屏蔽接地	—		
BMC02-18～GND	VTOG/车载感应信号	L/B	充电时	小于 1V
BMC02-20～GND	直流充电口 CAN2L	V	直流充电时	
BMC02-21～GND	直流充电口 CAN 屏蔽接地		始终	小于 1V
BMC02-22～GND	整车 CANH	V	ON 挡/OK 挡/充电	1.5～2.5V
BMC02-25～GND	碰撞信号	Y/G	启动	约 15V
BMC03-1～GND	采集器 CANL	V	ON 挡/OK 挡/充电	1.5～2.5V
BMC03-2～GND	采集器 CAN 屏蔽接地		始终	
BMC03-3～GND	1 号分压接触器拉低控制信号	G/B	—	小于 1V
BMC03-4～GND	2 号分压接触器拉低控制信号	Y/B		
BMC03-7～GND	BIC 供电电源正	R/L	ON 挡/OK 挡/充电	9～16V
BMC03-8～GND	采集器 CANH	P		2.5～3.5V
BMC03-10～GND	负极接触器拉低控制信号	L/B	接触器吸合时	小于 1V
BMC03-11～GND	正极接触器拉低控制信号	R/G		
BMC03-14～GND	1 号分压接触器 12V 电源	G/R		9～16V
BMC03-15～GND	2 号分压接触器 12V 电源	L/R	ON 挡/OK 挡/充电	
BMC03-20～GND	负极接触器 12V 电源	Y/W		
BMC03-21～GND	正极接触器 12V 电源	R/W		
BMC03-26～GND	采集器电源接地	R/Y		

2. 高压控制模块端子分布与 ECU 端子含义

比亚迪 e5 车型高压控制模块如图 7-21 所示。

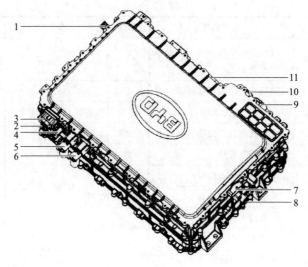

图 7-21　高压控制模块

1—DC 直流输出插接件；2—33 芯低压信号插接件；3—高压输出空调压缩机插接件；

4—高压输出 PTC 插接件；5—动力电池正极母线；6—动力电池负极母线；

7—64 芯低压信号插接件；8—入水管；9—交流输入 L2、L3 相；

10—交流输入 L1、N 相；11—驱动电动机三相输出插接件

① 高压控制模块 64 位低压端子位置如图 7-22 所示，各端子含义如表 7-22 所示。

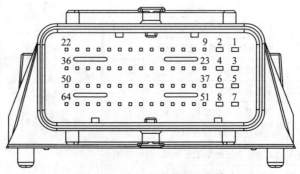

图 7-22　64 位低压端子位置

表 7-22　64 位低压端子含义

端子号	端口名称	端子定义	线束接法
1	+12V	外部提供 ON 挡电源	双路电
2	+12V	外部提供常火电	常电
3	空	—	—

续表

端子号	端口名称	端子定义	线束接法
4	+12V	外部提供 ON 挡电源	双路电
5	空	—	—
6	GND	油门深度屏蔽接地	车身接地
7	GND	外部电源接地	
8	GND		
9	空		—
10	GND	巡航接地	
11	GND	充电枪温度 1 接地(标准)	充电口
12	MES-BCM	BCM 充电连接信号	BCM
13	NET-CC1	充电控制信号 1(标准)	充电口
14	CRUISE-IN	巡航信号	方向盘
15	STATOR-T-IN	电动机绕组温度	电动机
16	CHAR-TEMP1	充电枪座温度信号 l(标准)	充电口
17	DC-BRAKE1	刹车深度 1	制动踏板
18	DC-GAIN2	油门深度 2	油门踏板
19	MES-BMS-OUT	BMS 信号	BMS
20~25	空	—	—
26	GND	动力网 CAN 信号屏蔽接地	充电口
27、28	空	—	—
29	GND	电动机模拟温度接地	电动机
30	空	—	—
31	DC-BRAKE2	刹车深度 2	制动踏板
32	DC-GAIN1	油门深度 1	油门踏板
33	DIGYLl-OUT	预留开关量输出 1	
34	DIGYL2-OUT	预留开关量输出 2	
35	IN-HAND-BRAKE	手刹信号	预留
36	空	—	
37	GND	刹车深度屏蔽接地	
38	+5V	刹车深度电源 1	制动踏板
39	+5V	油门深度电源 2	油门踏板
40	+5V	油门深度电源 1	
41	+5V	刹车深度电源 2	制动踏板
42	空	—	—

续表

端子号	端口名称	端子定义	线束接法
43	SWITCH-YL1	预留开关量输入 1	—
44		车内插座触发信号	车内插座
45	GND	旋变屏蔽接地	电动机
46	EXT-ECO/SPO	经济运动模式输入	开关组
47	NET-CP	充电电流确认信号（国标）	充电口
48	空	—	
49	CANH	动力网 CAN 信号高	动力网
50	CNAL	动力网 CAN 信号低	
51	GND	刹车深度电源接地 1	制动踏板
52	GND	油门深度电源接地 2	油门踏板
53	空	—	
54	GND	油门深度电源接地 1	油门踏板
55	GND	刹车深度电源接地 2	制动踏板
56	SWITCH-YL2	预留开关量输入 2	—
57	IN-FEET-BRAKE	制动信号	制动踏板
58	DSP-ECO/SPO-OUT	经济、运动模式输出	开关组
59	EXCOUT	励磁—	
60	EXCOUT	励磁+	
61	COS+	余弦+	电动机
62	COS—	余弦—	
63	SIN+	正弦+	
64	SIN—	正弦—	

② 高压控制模块 33 位低压端子位置如图 7-23 所示，各端子含义如表 7-23 所示。

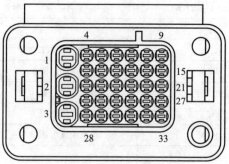

图 7-23　33 位低压端子位置

表 7-23　33 位低压端子含义

端子号	端子定义	线束连接
1～3	—	—
4	VCC 双路电电源	双路电＋12V
5	VCC 双路电电源	
6、7	—	—
8	GND 双路电电源接地	双路电
9	GND 双路电电源接地	
10	GND 直流霍尔屏蔽接地	BMS
11、12	空	—
13	GND-CAN 屏蔽接地	动力网
14	CAN-H 总线信号高	
15	CAN-L 总线信号低	
16	直流霍尔电源＋	BMS
17	直流霍尔电源－	
18	直流霍尔信号	
19	—	
20	一般漏电信号	
21	严重漏电信号	
22	高压互锁＋	
23	高压互锁－	
24	主接触器、预充接触器电源	双路电
25	交直流充电正负极接触器电源	
26～28	—	—
29	主预充接触器控制信号	BMS
30	直流充电正极接触器控制信号	
31	直流充电负极接触器控制信号	
32	主接触器控制信号	
33	交流充电接触器控制信号	

3. 主控制系统 ECU 端子检测

① 主控制系统 ECU 32 位低压插接件端子位置如图 7-24 所示，各端子含义如表 7-24 所示。

低压插接件1

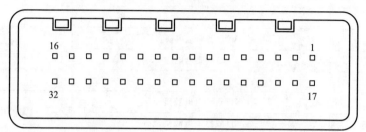

图 7-24　主控制系统 ECU 32 位低压插接件端子位置

表 7-24　主控制系统 ECU 32 位低压插接件端子含义

端子号	端子定义	线束连接	信号类型
1	—	—	—
2	制动信号输入	制动开关	12V 高电平有效
3	开关输出预留		
4	真空泵继电器检测信号	真空泵继电器 1、2 与 真空泵 1 号脚的交汇处	高电平有效
5	—		
6	信号输入(预留)		
7	+5V(预留)	—	—
8			
9	信号输入(预留)		
10	—		
11	水温传感器信号输入	水温传感器 C 脚	模拟量
12	水温传感器信号接地	水温传感器 A 脚	接地
13	真空压力传感器电源	真空压力传感器 1 号脚	5V 电压
14	真空泵压力传感器信号	真空压力传感器 3 号脚	模拟量
15	真空泵压力传感器电源接地	真空压力传感器 2 号脚	5V 接地
16	12V 电源	双路电源	电源
17-19	—		—
20	信号输入(预留)		高电平有效
21-22	—		
23	信号输入(预留)		低电平有效
24	模拟信号输入(预留)		模拟量
25	模拟信号输入(预留)		

续表

端子号	端子定义	线束连接	信号类型
26	车速传感器输入	车速传感器 2 号脚	PWM 信号
27~29	—	—	
30	GND 电源接地	车身接地	—
31、32	—	—	

　　② 主控制系统 ECU16 位低压插接件端子位置如图 7-25 所示，各端子含义如表 7-25 所示。

低压插接件2

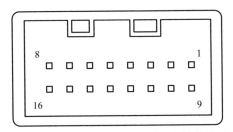

图 7-25　主控制系统 ECU 16 位低压插接件端子位置

表 7-25　主控制系统 ECU 16 位低压插接件端子含义

端子号	端子定义	线束连接	信号类型
1	CAN L	动力网	差分
2	真空泵启动控制 2	真空泵继电器 2 控制脚	低电平有效
3	10 输出（预留）	—	—
4	冷却风机低速继电器控制输出	低速继电器控制脚	低电平有效
5	冷却风机高速继电器控制输出	高速继电器控制脚	低电平有效
6	10 输出（预留）		
7	—		—
8	车速信号输出 2（预留）		
9	CAN H	动力网	差分
10-11	IO 输出（预留）	—	—
12	真空泵启动控制 1	真空泵继电器 1 控制脚	低电平有效
13-15	—	—	—
16	车速信号输出 1（预留）		

二、比亚迪 e6

1. 驱动电机控制系统

（1）说明

比亚迪 e6 的驱动电机控制系统主要是由高压配电箱、驱动电机控制器、驱动电机及相关的传感器组成。该系统核心为驱动电机控制器。

驱动电机控制器接收挡位开关信号，油门深度、脚刹深度、旋变等信号，经过系列的逻辑处理和判断，来控制电正、反转、转速等。

控制策略采用了经典的电机控制理论并注入了先进的控制算法，驱动永磁同步电机以最佳方式协调工作。核心 ECU 即驱动电机控制器，包括控制电路板和驱动电路板两块电路板。它们的分工有所不同：控制电路板又分为模拟通道采样单元、模数转换单元、DSP 处理单元、旋变解码单元、CAN 通信单元、挡位处理单元。驱动电路板包括信号隔离单元、保护信号选择单元、电源单元。控制电路板对采样的数据进行处理，计算出所需占空比，产生 PWM（正弦脉宽调制）通过驱动电路板传递给 IGBT，供驱动电机工作。

（2）驱动电机控制系统部件位置（图 7-26）

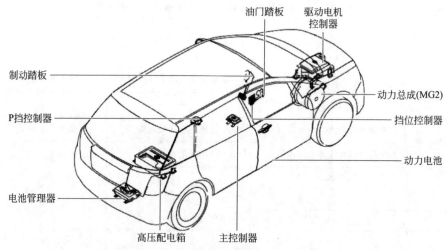

图 7-26　驱动电机控制系统部件位置

（3）驱动电机控制系统电气原理（图 7-27、图 7-28）

（4）电机控制器与电机低压线束端子电阻

电机控制器与电机低压线束端子位置如图 7-29 所示，端子正常值如表 7-26、表 7-27 所示。

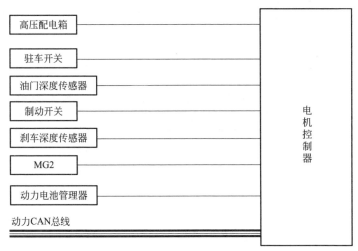

图 7-27　驱动电机控制系统电气原理（一）

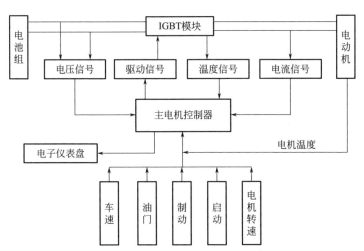

图 7-28　驱动电机控制系统电气原理（二）

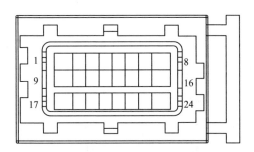

图 7-29　电机控制器与电机低压线束端子位置

表 7-26 电机控制器与电机低压线束 **B32** 端子正常值

端子号	线色	端子描述	条件	正常值
B32-1	黑	GND	始终	小于 1V
B32-2	绿	刹车深度电源1、2	始终	约 5V
B32-7	橙	油门深度电源1、2	ON 挡电	约 5V
B32-8	红	12V	ON 挡电	11～14V
B32-9	黑	刹车深度信号屏蔽接地	始终	小于 1V
B32-10	粉	刹车深度电源接地1、2	始终	小于 1V
B32-15	绿黑	油门深度电源接地1、2	始终	小于 1V
B32-16	黑	油门深度屏蔽接地	始终	小于 1V
B32-17	黄黑	刹车深度1	踩制动至一定角度	模拟信号
B32-18	棕	刹车深度2	踩制动至一定角度	模拟信号
B32-22	蓝黑	预充满	ON 挡电后约 2s	小于 1V
B32-23	绿黄	油门深度1	踩油门至一定角度	模拟信号
B32-24	黄红	油门深度2	踩油门至一定角度	模拟信号

表 7-27 电机控制器与电机低压线束 **B33** 端子正常值

端子号	线色	端子描述	条件	正常值
3	绿	MG2 旋变屏蔽接地	始终	小于 1V
4	黄	MG2 励磁＋	线束端（断插接件）	与励磁－(8.1±2)Ω
5	蓝	MG2 正弦＋	线束端（断插接件）	与正弦－(14±4)Ω
6	橙	MG2 余弦＋	线束端（断插接件）	与余弦－(14±4)Ω
7	粉	MG2 电机过温	线束端（断插接件）	与15脚有电阻值(小于100Ω)
8	灰	运行模式切换信号输入	ON 挡	小于 1V 或 11～14V
11	紫	CAN 屏蔽接地	始终	小于 1V
12	绿黑	MG2 励磁－	线束端（断插接件）	与励磁＋(8.1±2)Ω
13	黄黑	MG2 正弦－	线束端（断插接件）	与正弦＋(14±4)Ω
14	蓝黑	MG2 余弦－	线束端（断插接件）	与余弦＋(14±4)Ω
15	绿黄	MG2 电机过温接地	线束端（断插接件）	与7脚有电阻值(小于100Ω)
16	黄红	运行模式切换信号输出	ON 挡	小于 1V 或 11～14V
19	棕	CAN 信号高	始终	2.5～3.5V
20	白	CAN 信号低	始终	1.5～2.5V
21	白黑	手刹信号	驻车	小于 1V
22	白红	脚刹信号	踩制动	11～14V

（5）电机故障检测数据（表 7-28）

表 7-28　电机故障检测数据

插接件端口	端子	阻值	端子	阻值	端子	阻值	端子	阻值
插座端	23（MG2 正弦＋）	(14± 4)Ω	24 （励磁＋）	(8.1± 2)Ω	16（MG2 电机过温）	(25± 1)Ω	22（MG2 余弦＋）	(14± 4)Ω
	11（MG2 正弦－）		12 （励磁－）		11（MG2 电机过温地）		10（MG2 余弦－）	
插头端	23（MG2 正弦＋）	(137± 5)kΩ	24 （励磁＋）	(339± 5)kΩ	16（MG2 电机过温）	(25± 1)kΩ	22（MG2 余弦＋）	(136± 5)kΩ
	11（MG2 正弦＋）		12 （励磁－）	162	11（MG2 电机过温地）		10（MG2 余弦－）	

（6）MG2 电机控制器模块故障诊断代码（表 7-29）

表 7-29　MG2 电机控制器模块故障诊断代码

故障诊断码（DTC）	故障描述	可能发生部位
P1B00-00	IPM 故障	电机控制器
P1B01-00	旋变故障	MG2 电机 线束,插接件
P1B02-00	欠压保护故障	电机控制器
P1B03-00	主接触器异常故障	电机控制器 电池管理器 高压配电箱
P1B04-00	过压保护故障	电机控制器
P1B05-00	IPM 散热器过温故障	电机控制器
P1B06-00	挡位故障	挡位控制器 电机控制器/线束
P1B07-00	油门异常故障	油门深度传感器回路
P1B08-00	电机过温故障	刹车深度传感器回路
P1B09-00	动力电机过流故障	MG2 电机
P1B0A-00	缺相故障	电机控制器、线束
P1B0B-00	EEPROM 失效故障	——

2. 动力电池管理系统（BMS）

（1）说明

动力电池管理器作为监控电池包，保证电池包正常工作的监控单元而存在，主要目的是保证每节串联电池的电压、电流等各项性能指标的一致性。由于电池的原理像木桶效应，某一节为"短板"的话，所有电池性能都将按照这一节性能计算，这将对电池可靠性提出极高的要求。为了防止过充、过放、过温等一系列影响单节电池性能的问题出现，电池管理器对电池进行监控，实时保证电池工作在正常状态下。

动力电池管理器（图7-30）是比亚迪e6动力控制部分的核心，负责整车电动系统的电力控制并实时监测高压电力系统的用电状态，采取保护措施，保证车辆安全行驶。

动力电池管理系统的主要作用是动力电池状态监测、充放电功能控制和预充控制。

图 7-30　比亚迪 e6 动力电池管理器

（2）动力电池管理系统部件位置（图7-31）

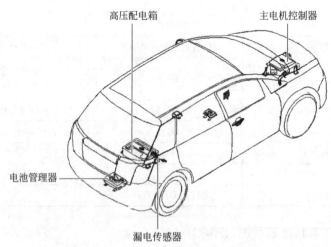

图 7-31　动力电池管理系统部件位置

（3）动力电池管理系统电气原理（图 7-32、图 7-33）

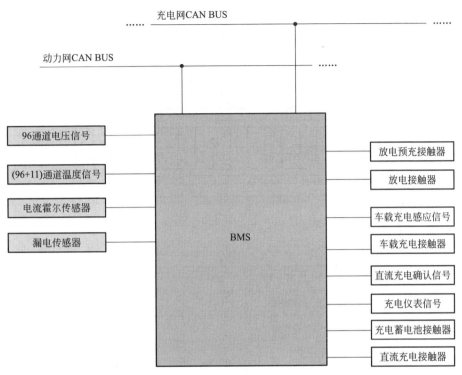

图 7-32　动力电池管理系统电气原理（一）

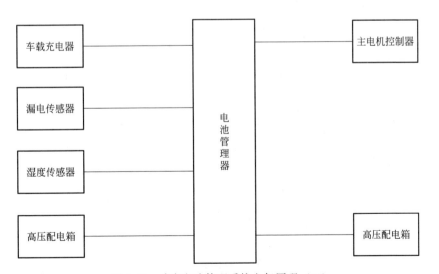

图 7-33　动力电池管理系统电气原理（二）

（4）动力电池管理器端子位置（图7-34）及含义（表7-30）

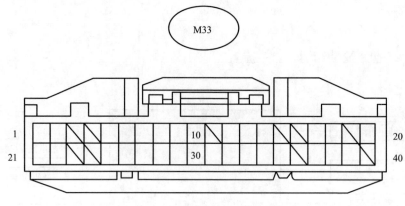

图7-34 动力电池管理器端子位置

表7-30 动力电池管理器端子含义

连接端子	端子描述	线色	条件	正常值
1～车身接地	充电接触器控制	G/B	充电	小于1V
2～车身接地	预充接触器控制	Y/B	启动	小于1V
5～车身接地	车身接地	B	始终	小于1V
6～车身接地	电源信号	R/B	常电	11～14V
7～车身接地	车身接地	B	始终	小于1V
10～车身接地	充电感应开关	L	充电	小于1V
12～车身接地	漏电传感器电源	W	启动	约−15V
13～车身接地	一般漏电信号	G/Y	一般漏电	小于1V
14～车身接地	屏蔽接地	B	始终	小于1V
15～车身接地	充电通信CAN-L	V	充电	1.5～2.5V
16～车身接地	充电通信CAN-H	P	充电	2.5～3.5V
17～车身接地	F-CAN_L	V	电源ON挡	1.5～2.5V
18～车身接地	F-CAN_H	P	电源ON挡	2.5～3.5V
20～车身接地	电流霍尔信号	G	电流信号	—
21～车身接地	正极接触器控制	R/Y	启动	小于1V
22～车身接地	DC继电器	L	充电或启动	小于1V
25～车身接地	预充信号	G/R	上ON挡电后2s	小于1V

续表

连接端子	端子描述	线色	条件	正常值
26～车身接地	车身接地	B	始终	小于1V
27～车身接地	电源	W/R	电源ON挡/充电	11～14V
28～车身接地	车身接地	B	始终	小于1V
31～车身接地	漏电传感器电源	R	启动	约+15V
32～车身接地	漏电传感器接地	B	始终	小于1V
33～车身接地	严重漏电信号	B/Y	严重漏电	小于1V
37～车身接地	屏蔽接地	B	始终	小于1V
38～车身接地	电流霍尔电源	L	启动	约-15V
39～车身接地	电流霍尔电源	R	启动	约+15V

注：表中未说明的端子为空位。

（5）动力电池管理系统故障诊断代码（表7-31）

表7-31　动力电池管理系统故障诊断代码

故障诊断码（DTC）	描述	故障范围
P1A40-00	单节电池温度传感器故障	温度传感器、线束
P1A4B-00	电池采样故障	诊断码
P1A54-00	电池组漏电错误	漏电传感器、线束
P1A58-00	电池管理系统初始化错误	电池管理器
P1A5D-00	电机控制器预充未完成	诊断码

第三节　北汽电动汽车的维修

一、EU系列

1. 高压电池快换接口

EU系列高压电池快换接口是动力电池与高压系统的便捷连接器，车身端接口的端子（针脚）带弹性，保证与电池端良好连接，如图7-35所示。端子的功能如表7-32所示。

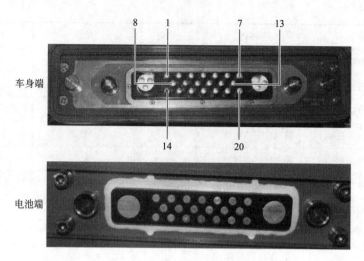

图 7-35　EU 系列高压电池快换接口

表 7-32　EU 系列高压电池快换接口端子的功能

端子编号	功能	备注	CATL 连接器编号
5	VCU 继电器控制信号	VCU 发送给 BMS	5
1	BMS 供电正	常电	1
2	BMS 供电负	常电	2
3	继电器供电正	如有风扇，可用于风扇供电，常电	3
4	继电器供电负		4
6	VCU 唤醒信号	VCU 唤醒 BMS	6
9	CAN1_SHIELD	—	—
10	CAN1_H	EVBUS	10
11	CAN1_L		11
14	CAN2_H	FCBUS	14
15	CAN2_L		15
12	CAN3_H	INBUS	12
13	CAN3_L		13
16	CAN2_SHIELD	—	—

2. 动力电池插接器端子功能

EU 系列动力电池插接器端子位置见图 7-36，端子功能见表 7-33。

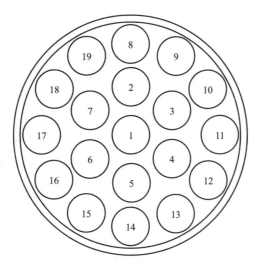

图 7-36　EU 系列动力电池插接器端子位置

表 7-33　EU 系列动力电池插接器端子功能

端子序号	端子定义	线束走向
1	12V＋常电	FB14 保险
2	接地	车身搭铁
3	12V＋常电	FB13 保险
4	接地	车身搭铁
5	总负继电器控制	VCU97 脚
6	BMS 唤醒	VCU81 脚
7	空	—
8	空	—
9	空	—
10	新能源 CAN1H	VCU111 脚
11	新能源 CAN1L	VCU104 脚
12	内部 CAN3H	OBD 接口
13	内部 CAN3L	OBD 接口
14	快充 CAN2H	快充口
15	快充 CAN2L	快充口
16	CAN2-屏蔽	接地

续表

端子序号	端子定义	线束走向
17	空	—
18	空	—
19	CAN1-屏蔽/空	接地

3. PEU 电动机控制器端子功能

EU 系列 PEU 电动机控制器端子位置见图 7-37，端子功能见表 7-34。

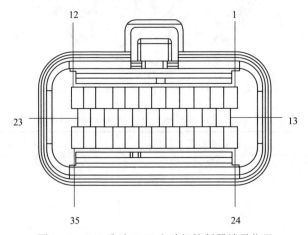

图 7-37　EU 系列 PEU 电动机控制器端子位置

表 7-34　EU 系列 PEU 电动机控制器端子功能

端子编号	端子定义	线路走向
1	12V＋(PTC 控制器电源)	保险盒 J3 插件 B1 脚
2	PTC 温度传感器＋	PTC 本体温度传感器
3	12V＋常电	FB22 保险
4	GND	车身搭铁 S28 节点
5	CAN GND	车身搭铁 S28 节点
6	CAN-H	新能源 CAN
8	励磁绕组 R2	旋变插件 B
9	正弦绕组 S2(13Ω)	旋变插件 E
10	余弦绕组 S3	旋变插件 D

续表

端子编号	端子定义	线路走向
11	电动机识别电阻 1	旋变插件 N
12	CAN-SHIELD（电动机屏蔽）	旋变插件
13	PTC 温度传感器－	PTC 本体温度传感器
14	DC/DC 使能信号	VCU62 脚
15	12V＋（VCU 控制继电器电源）	保险盒 J3 插件 A10 脚
16	GND	车身搭铁 S28 节点
17	CAN-L	新能源 CAN
18	CAN-屏蔽	接电动机控制器 RC 阻容
20	励磁绕组 R1(9Ω)	旋变插件 A
21	正弦绕组 S4	旋变插件 F
22	余弦绕组 S1(13Ω)	旋变插件 C
23	电动机识别电阻 2	旋变插件 V
24	GND(DC/DC)(PTC)	车身搭铁 S28 节点
25	高低压互锁	压缩机控制器 5 脚
26	GND(高低压互锁)	车身搭铁 S28 节点
27	12V＋常电	FB22 保险
28	快充正继电器控制	VCU118 脚
29	快充负继电器控制	VCU116 脚
30	W 相温度电阻 2	旋变插件 L
31	W 相温度电阻 1	旋变插件 M
32	V 相温度电阻 2	旋变插件 J
33	V 相温度电阻 1	旋变插件 K
34	U 相温度电阻 2	旋变插件 G
35	U 相温度电阻 1	旋变插件 H

4. 充电机

EU 系列充电机低压插件端子位置见图 7-38，端子功能见表 7-35。

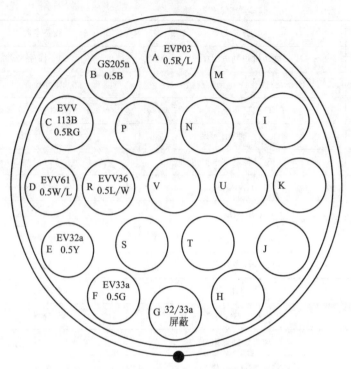

图 7-38　EU 系列充电机低压插件端子位置

表 7-35　EU 系列充电机低压插件端子功能

编号	端子定义	线路走向
A	12V＋常电	FB22 保险
B	GND	车身接地
C	慢充唤醒	VCU113 脚、数据采集终端 A7 脚
D	充电机使能	VCU61 脚
E	CAN1H	新能源 CAN
F	CAN1L	新能源 CAN
G	屏蔽层	充电机内部
R	充电连接确认	VCU36 脚、慢充口 CC

注：其余未标注的编号为空位。

二、EV 系列

EV 系列高压部件检测方法如表 7-36 所示。

表 7-36　EV 系列高压部件检测方法

高压部件	所需检测项目	检测所需工具	检测方法	标准值
动力电池	动力电池正负极与车身（外壳）绝缘电阻的检测	兆欧表 FLUKE 1587C	①拔掉高压配电箱端动力电池输入线②将钥匙打到 ON 挡③将兆欧表黑表笔于车身，红表笔逐个测量动力电池正负极端子	动力电池正极绝缘电阻≥1.4MΩ；负极绝缘电阻≥1.0MΩ
	数据采集	笔记本计算机、CAN 卡	计算机监控	—
	充电测试	笔记本计算机、CAN 卡、钳形电流表	计算机监控、充电桩监控、钳形电流表测量充电机输出线缆	—
	温度监控	笔记本计算机、CAN 卡、温度计	监控整车环境温度、计算机监控	—
	压差监控	笔记本计算机、CAN 卡、监控系统	充放电末端压差监控	—
	CAN 口检查	笔记本计算机、CAN 卡	目测	—
	放电测试	行车记录仪	车辆按工况行驶，进行监控	—
	管理系统绝缘监控电路检查	兆欧表	将车辆电源关闭，打开高压配电箱输入插头，用兆欧表检测（1000V）合格值，总正 1.5MΩ；总负＞1.0MΩ	—
车载充电机	车载充电机正负极绝缘电阻的检测	兆欧表 FLUKE 1587C	①将低压蓄电池负极断开②拔掉高压配电箱 8 芯插头③将兆欧表黑表笔接于车身，红表笔逐个测量高压配电箱 8 芯插头的 B（正极）、H（负极）	车载充电机绝缘阻值在环境温度为（23±2）℃和相对湿度为 45%～75% 时，正负极输出与车身（外壳）之间的绝缘电阻≥1000MΩ。在环境温度为（23±2）℃和相对湿度为 90%～95% 时，车载充电机正负极输出与车身（外壳）之间的绝缘电阻≥20MΩ

续表

高压部件	所需检测项目	检测所需工具	检测方法	标准值
DC/DC	DC/DC 正负极绝缘电阻的检测	兆欧表FLUKE 1587C	①将低压蓄电池负极断开 ②拔掉高压配电箱 8 芯插头 ③将兆欧表黑表笔接于车身,红表笔逐个测量A(正极)、G(负极)	DC/DC 绝缘阻值在环境温度为(23±2)℃和相对湿度为80%～90%时高压输入与车身(外壳)绝缘电阻≥1000MΩ;在工作温度(-20～65)℃和工作相对湿度 5%～85% 环境下高压输入与车身(外壳)绝缘电阻≥20MΩ
空调压缩机	空调压缩机正负极绝缘电阻的检测	兆欧表FLUKE 1587C	①将低压蓄电池负极断开 ②拔掉高压配电箱 8 芯插头 ③将兆欧表黑表笔接于车身,红表笔逐个测量C(正极)、F(负极)	向空调压缩机内充入 (50±1)cm³ 的冷冻机油和(63±1)g 的 HFC-134a 制冷剂后,空调压缩机正负极对车身(外壳)的绝缘电阻≥5MΩ 清空空调压缩机内部的冷冻机油后,空调压缩机正负极对车身外壳的绝缘电阻≥50MΩ
PTC	PTC 正负极绝缘阻值的测量	兆欧表FLUKE 1587C	①将低压蓄电池负极断开 ②拔掉高压配电箱 8 芯插头 ③将兆欧表黑表笔接于车身,红表笔逐个测量D(正极)、E(负极)	PTC 正负极与车身(外壳)绝缘阻值≥500MΩ
电动机控制器、驱动电动机	电动机控制器、驱动电动机正负极输入绝缘阻值的测量	兆欧表FLUKE 1587C	①将低压蓄电池负极断开 ②拔掉高压配电箱电动机控制器输入插头 ③将兆欧表黑表笔接于车身,红表笔逐个测量正负极端子	电动机控制器正负极输入端子与车身(外壳)绝缘电阻值≥100MΩ
保险丝盒	高压配电箱正负极绝缘阻值的测量	兆欧表FLUKE 1587C	①将低压蓄电池负极断开 ②拔掉高压配电箱 8 芯插头、动力电池输入插头、驱动电机控制器输出插头 ③将兆欧表黑表笔接于车身,红表笔逐个测量高压配电箱端(动力电池输入,驱动电动机控制器输出)	高压配电箱端(动力电池输入,驱动电动机控制器输出)与车身(外壳)绝缘阻值为无穷大

提示

在测量高压部件绝缘阻值前应先将低压蓄电池负极断开（除动力电池），用万用表检测所测部位，确认无高压后再进行阻值测量。

参 考 文 献

[1] 吴兴敏，陈贵龙，郭明华，等．纯电动汽车结构原理与检修［M］．北京：人民邮电出版社，2019．

[2] 瑞佩尔．新能源电动汽车维修资料大全［M］．北京：化学工业出版社，2018．

[3] 吴荣辉．彩色图解新能源汽车结构原理与检修［M］．北京：机械工业出版社，2021．

[4] 糇庆伟，李卓．新能源汽车原理与检修［M］．北京：机械工业出版社，2017．

[5] 景平利，敖东光，薛菲．电动汽车检查与维护［M］．北京：机械工业出版社，2017．

[6] 刘福华，康杰．新能源汽车结构原理与检修［M］．北京：机械工业出版社，2020．

[7] 侯涛．纯电动汽车结构与检修［M］．北京：人民交通出版社，2018．

[8] 包科杰，徐利强．新能源汽车维护与故障诊断［M］．北京：人民交通出版社，2017．